ESTADO DE EXCEÇÃO

coleção
ESTADO de SÍTIO

GIORGIO AGAMBEN

ESTADO DE EXCEÇÃO

HOMO SACER, II, I

Tradução de Iraci D. Poleti

Copyright desta edição © Boitempo Editorial, 2004
Copyright © 2003 Giorgio Agamben

Traduzido do original em italiano *Stato di eccezione*,
Homo Sacer II, 1 (Bollati Boringhieri, 2003)

Coordenação editorial	Ivana Jinkings
Editor	Jorge Pereira Filho
Assistente editorial	Luciene Lima e Carolina Yassui
Tradução	Iraci D. Poleti
Revisão	Daniela Jinkings
Capa	Livia Campos sobre projeto gráfico de Ronaldo Alves e foto de Andrei Polessi
Editoração eletrônica	Raquel Sallaberry Brião
Coordenação de produção	Juliana Brandt
Assistência de produção	Livia Viganó

CIP-BRASIL. CATALOGAÇÃO-NA-FONTE
SINDICATO NACIONAL DOS EDITORES DE LIVROS, RJ.

A21e
Agamben, Giorgio, 1942-
  Estado de exceção / Giorgio Agamben ; tradução de Iraci D. Poleti. - 2. ed. - São Paulo : Boitempo, 2004 (Estado de sítio)

  Inclui bibliografia
  ISBN 978-85-7559-057-7

  1. Guerra e poder executivo. 2. Estado de sítio. 3. Guerra e poder executivo - Europa - História. 4. Guerra e poder executivo - Estados Unidos - História. 5. Estado de sítio - Europa - História. 6. Estado de sítio - Estados Unidos - História. I. Título. II. Série.

04-1358
CDD 302.23
CDU 316.776

É vedada a reprodução de qualquer parte deste livro sem a expressa autorização da editora.

1ª edição: outubro de 2004;
2ª edição: julho de 2007; 10ª reimpressão: outubro de 2024

BOITEMPO
Jinkings Editores Associados Ltda.
Rua Pereira Leite, 373
05442-000 São Paulo SP
Tel.: (11) 3875-7250 / 3875-7285
editor@boitempoeditorial.com.br
www.boitempoeditorial.com.br | www.blogdaboitempo.com.br
www.facebook.com/boitempo | www.twitter.com/editoraboitempo
www.youtube.com/tvboitempo | www.instagram.com/boitempo

SUMÁRIO

1 O estado de exceção como paradigma de governo............ 9

2 Força de lei.. 51

3 *Iustitium* 65

4 Luta de gigantes acerca de um vazio 81

5 Festa, luto, anomia 99

6 *Auctoritas* e *potestas* 113

Referências bibliográficas 135

Bibliografia de Giorgio Agamben 141

Quare siletis juristæ in numere vestro?

1
O ESTADO DE EXCEÇÃO COMO PARADIGMA DE GOVERNO

1.1 A contiguidade essencial entre estado de exceção e soberania foi estabelecida por Carl Schmitt em seu livro *Politische Theologie* (Schmitt, 1922). Embora sua famosa definição do soberano como "aquele que decide sobre o estado de exceção" tenha sido amplamente comentada e discutida, ainda hoje, contudo, falta uma teoria do estado de exceção no direito público, e tanto juristas quanto especialistas em direito público parecem considerar o problema muito mais como uma *quæstio facti* do que como um genuíno problema jurídico. Não só a legitimidade de tal teoria é negada pelos autores que, retomando a antiga máxima de que *necessitas legem non habet*, afirmam que o estado de necessidade, sobre o qual se baseia a exceção, não pode ter forma jurídica; mas a própria definição do termo tornou-se difícil por situar-se no limite entre a política e o direito. Segundo opinião generalizada, realmente o estado de exceção constitui um "ponto de desequilíbrio entre direito público e fato político" (Saint-Bonnet, 2001, p. 28) que – como a guerra civil, a insurreição e a resistência – situa-se numa "franja ambígua e incerta, na intersecção entre o jurídico e o político" (Fontana, 1999, p. 16). A questão dos limites torna-se ainda mais urgente: se são fruto dos períodos de crise política e, como tais, devem ser compreendidas no terreno político e não no jurídico-constitucional (De Martino, 1973, p. 320), as medidas excepcionais encontram-se na situação paradoxal de medidas jurídicas que não podem ser compreendidas no plano do direito, e o estado de exceção apresenta-se como a forma legal daquilo que não pode ter forma legal. Por outro lado, se a exceção é o dispositivo original graças ao qual o direito se refere à vida e a inclui em si por meio de sua própria suspensão, uma teoria do estado de exceção é, então, condição preliminar para se definir a relação que liga e, ao mesmo tempo, abandona o vivente ao direito.

É essa terra de ninguém, entre o direito público e o fato político e entre a ordem jurídica e a vida, que a presente pesquisa se propõe a explorar. Somente erguendo o véu que cobre essa zona incerta poderemos chegar a compreender o que está em jogo na diferença – ou na suposta diferença – entre o político e o jurídico e entre o direito e o vivente. E só então será possível, talvez, responder à pergunta que não para de ressoar na história da política ocidental: o que significa agir politicamente?

1.2 Entre os elementos que tornam difícil uma definição do estado de exceção, encontra-se, certamente, sua estreita relação com a guerra civil, a insurreição e a resistência. Dado que é o oposto do estado normal, a guerra civil se situa numa zona de indecidibilidade quanto ao estado de exceção, que é a resposta imediata do poder estatal aos conflitos internos mais extremos. No decorrer do século XX, pôde-se assistir a um fenômeno paradoxal que foi bem definido como uma "guerra civil legal" (Schnur, 1983). Tome-se o caso do Estado nazista. Logo que tomou o poder (ou, como talvez se devesse dizer de modo mais exato, mal o poder lhe foi entregue), Hitler promulgou, no dia 28 de fevereiro, o *Decreto para a proteção do povo e do Estado*, que suspendia os artigos da Constituição de Weimar relativos às liberdades individuais. O decreto nunca foi revogado, de modo que todo o Terceiro Reich pode ser considerado, do ponto de vista jurídico, como um estado de exceção que durou 12 anos. O totalitarismo moderno pode ser definido, nesse sentido, como a instauração, por meio do estado de exceção, de uma guerra civil legal que permite a eliminação física não só dos adversários políticos, mas também de categorias inteiras de cidadãos que, por qualquer razão, pareçam não integráveis ao sistema político. Desde então, a criação voluntária de um estado de emergência permanente (ainda que, eventualmente, não declarado no sentido técnico) tornou-se uma das práticas essenciais dos Estados contemporâneos, inclusive dos chamados democráticos.

Diante do incessante avanço do que foi definido como uma "guerra civil mundial", o estado de exceção tende cada vez mais a se apresentar como o paradigma de governo dominante na política contemporânea. Esse deslocamento de uma medida provisória e excepcional para uma técnica de governo ameaça transformar radicalmente – e, de fato, já transformou de modo muito perceptível – a estrutura e o sentido da distinção tradicional entre os diversos tipos de constituição. O estado de exceção apresenta-se, nessa perspectiva, como um patamar de indeterminação entre democracia e absolutismo.

א A expressão "guerra civil mundial" aparece no mesmo ano (1963) no livro de Hannah Arendt *Sobre a Revolução* (Arendt, 2001) e no de Carl Schmitt sobre a teoria do partisan (Schmitt, 2002). A distinção entre um "estado de exceção real" (*état de siège effectif*) e um "estado de exceção fictício" (*état de siège fictif*) remonta porém, como veremos, à doutrina de direito público francesa e já se encontra claramente articulada no livro de Theodor Reinach: *De l'état de siège. Étude historique et juridique* (1885), que está na origem da oposição schimittiana e benjaminiana entre estado de exceção real e estado de exceção fictício. A jurisprudência anglo-saxônica prefere falar, nesse sentido, de *fancied emergency*. Os juristas nazistas, por sua vez, falavam sem restrições de um *gewollte Ausnahmezustand*, um estado de exceção desejado, "com o objetivo de instaurar o Estado nacional-socialista" (Werner Spohr, in Drobisch e Wieland, 1993, p. 28).

1.3 O significado imediatamente biopolítico do estado de exceção como estrutura original em que o direito inclui em si o vivente por meio de sua própria suspensão aparece claramente na "military order", promulgada pelo presidente dos Estados Unidos no dia 13 de novembro de 2001, e que autoriza a "indefinite detention" e o processo perante as "military commissions" (não confundir com os tribunais militares previstos pelo direito da guerra) dos não cidadãos suspeitos de envolvimento em atividades terroristas.

Já o *USA Patriot Act*, promulgado pelo Senado no dia 26 de outubro de 2001, permite ao *Attorney general* "manter preso" o estrangeiro (*alien*) suspeito de atividades que ponham em perigo "a segurança nacional dos Estados Unidos"; mas, no prazo de sete dias, o estrangeiro deve ser expulso ou acusado de violação da lei sobre a imigração ou de algum outro delito. A novidade da "ordem" do presidente Bush está em anular radicalmente todo estatuto jurídico do indivíduo, produzindo, dessa forma, um ser juridicamente inominável e inclassificável. Os talibãs capturados no Afeganistão, além de não gozarem do estatuto de POW [prisioneiro de guerra] de acordo com a Convenção de Genebra, tampouco gozam daquele de acusado segundo as leis norte-americanas. Nem prisioneiros nem acusados, mas apenas *detainees*, são objeto de uma pura dominação de fato, de uma detenção indeterminada não só no sentido temporal mas também quanto à sua própria natureza, porque totalmente fora da lei e do controle judiciário. A única comparação possível é com a situação jurídica dos judeus nos *Lager* nazistas: juntamente com a cidadania, haviam perdido toda identidade jurídica, mas conservavam pelo menos a identidade de judeus. Como Judith Butler mostrou claramente, no *detainee* de Guantánamo a vida nua atinge sua máxima indeterminação.

1.4 À incerteza do conceito corresponde exatamente a incerteza terminológica. O presente estudo se servirá do sintagma "estado de exceção" como termo técnico para o conjunto coerente dos fenômenos jurídicos que se propõe a definir. Esse termo, comum na doutrina alemã (*Ausnahmezustand*, mas também *Notstand*, estado de necessidade), é estranho às doutrinas italiana e francesa, que preferem falar de decretos de urgência e de estado de sítio (político ou fictício, *état de siège fictif*). Na doutrina anglo-saxônica, prevalecem, porém, os termos *martial law* e *emergency powers*.

Se, como se sugeriu, a terminologia é o momento propriamente poético do pensamento, então as escolhas terminológicas nunca podem ser neutras. Nesse sentido, a escolha da expressão "estado de exceção" implica uma tomada de posição quanto à natureza do fenômeno que se propõe a estudar e quanto à lógica mais adequada à sua compreensão. Se exprimem uma relação com o estado de guerra que foi historicamente decisiva e ainda está presente, as noções de "estado de sítio" e de "lei marcial" se revelam, entretanto, inadequadas para definir a estrutura própria do fenômeno e necessitam, por isso, dos qualificativos "político" ou "fictício", também um tanto equívocos. O estado de exceção não é um direito especial (como o direito da guerra), mas, enquanto suspensão da própria ordem jurídica, define seu patamar ou seu conceito limite.

א A história do termo "estado de sítio fictício ou político" é, nesse sentido, instrutiva. Remonta à doutrina francesa, em referência ao decreto napoleônico de 24 de dezembro de 1811, que previa a possibilidade de um estado de sítio que podia ser declarado pelo imperador, independentemente da situação efetiva de uma cidade sitiada ou diretamente ameaçada pelas forças inimigas, 'lorsque les circonstances obligent de donner plus de forces et d'action à la police militaire, sans qu'il soit nécessaire de mettre la place en état de siège" (Reinach, 1885, p. 109).

A origem do instituto do estado de sítio encontra-se no decreto de 8 de julho de 1791 da Assembleia Constituinte francesa, que distinguia entre *état de paix*, em que a autoridade militar e a autoridade civil agem cada uma em sua própria esfera; *état de guerre*, em que a autoridade civil deve agir em consonância com a autoridade militar; *état de siège*, em que "todas as funções de que a autoridade civil é investida para a manutenção da ordem e da polícia internas passam para o comando militar, que as exerce sob sua exclusiva responsabilidade" (ibidem). O decreto se referia somente às praças-fortes e aos portos militares; entretanto, com a lei de 19 frutidor* do ano V, o Diretório assimilou às praças fortes os municípios do interior e, com a lei do dia 18 frutidor do mesmo ano, se atribuiu o direito de declarar uma cidade em estado de sítio. A história posterior do estado de sítio é a história de sua progressiva emancipação em relação à situação de guerra à qual estava ligado na origem, para ser usado, em seguida, como medida extraordinária de polícia em caso de desordens e sedições internas, passando, assim, de efetivo ou militar a fictício ou político. Em todo caso, é importante não esquecer que o estado de exceção moderno é uma criação da tradição democrático-revolucionária e não da tradição absolutista.

A ideia de uma suspensão da constituição é introduzida pela primeira vez na Constituição de 22 frimário [terceiro mês do calendário da primeira república francesa, de 21 de novembro a 20 de dezembro] do ano VIII que, no artigo 92, declarava:

> Dans les cas de révolte à main armée ou de troubles qui menaceraient la sécurité de l'État, la loi peut suspendre, dans les lieux et pour le temps qu'elle détermine, l'empire de la constitution. Cette suspension peut être provisoirement déclarée dans les mêmes

---

* Frutidor, frimário e brumário, entre outros, são os nomes dos meses do Calendário Republicano Francês, adotado logo após a proclamação da República, em 1792. O ano era composto de 12 meses de 30 dias cada um, e os dias excedentes eram dedicados às festas republicanas. Em 1806, o calendário gregoriano voltou a ser utilizado.

cas par um arrêté du gouvernement, le corps législatif étant en vacances, pourvu que ce corps soit convoqué au plus court terme par un article du même arrêté.

A cidade ou a região em questão era declarada *hors la constitution*. Embora, de um lado (no estado de sítio), o paradigma seja a extensão em âmbito civil dos poderes que são da esfera da autoridade militar em tempo de guerra, e, de outro, uma suspensão da constituição (ou das normas constitucionais que protegem as liberdades individuais), os dois modelos acabam, com o tempo, convergindo para um único fenômeno jurídico que chamamos estado de exceção.

ℵ A expressão "plenos poderes" (*pleins pouvoirs*), com que, às vezes, se caracteriza o estado de exceção, refere-se à ampliação dos poderes governamentais e, particularmente, à atribuição ao executivo do poder de promulgar decretos com força de lei. Deriva da noção de *plenitudo potestatis*, elaborada no verdadeiro laboratório da terminologia jurídica moderna do direito público, o direito canônico. O pressuposto aqui é que o estado de exceção implica um retorno a um estado original "pleromatico" em que ainda não se deu a distinção entre os diversos poderes (legislativo, executivo etc.). Como veremos, o estado de exceção constitui muito mais um estado "kenomatico", um vazio de direito, e a ideia de uma indistinção e de uma plenitude originária do poder deve ser considerada como um "mitologema" jurídico, análogo à ideia de estado de natureza (não por caso, foi exatamente o próprio Schmitt que recorreu a esse "mitologema"). Em todo caso, a expressão "plenos poderes" define uma das possíveis modalidades de ação do poder executivo durante o estado de exceção, mas não coincide com ele.

1.5 Entre 1934 e 1948, diante do desmoronamento das democracias europeias, a teoria do estado de exceção – que havia feito uma primeira aparição isolada em 1921, no livro de Schmitt sobre a ditadura (Schmitt, 1921) – teve um momento de especial sucesso; mas é significativo que isso tenha acontecido sob a forma pseudomórfica de um debate sobre a chamada "ditadura constitucional".

O termo – que já é utilizado pelos juristas alemães para indicar os poderes excepcionais do presidente do Reich segundo o art. 48 da Constituição de Weimar (Preuß, 1923) – foi retomado e desenvolvido por Frederick M. Watkins ("The Problem of Constitutional Dictatorship", in *Public Policy 1*, 1940) e por Carl J. Friedrich (*Consitutional Government and Democracy*, 1941) e, enfim, por Clinton L. Rossiter (*Constitutional Dictatorship. Crisis Government in the Modern Democracies*, 1948). Antes deles, é preciso ao menos mencionar o livro do jurista sueco Herbert Tingsten: *Les Pleins pouvoirs. L'expansion des pouvoirs gouvernementaux pendant et après la Grande Guerre* (Tingsten, 1934). Esses livros, muito diferentes entre si e, em geral, mais dependentes da teoria schmittiana do que pode parecer numa primeira leitura, são, entretanto, igualmente importantes porque registram, pela primeira vez, a transformação dos regimes democráticos em consequência da progressiva expansão dos poderes do executivo durante as duas guerras mundiais e, de modo mais geral, do estado de exceção que as havia acompanhado e seguido. Eles são, de algum modo, os estafetas que anunciam o que hoje temos claramente diante dos olhos, ou seja, que, a partir do momento em que "o estado de exceção [...] tornou-se a regra" (Benjamin, 1942, p. 697), ele não só sempre se apresenta muito mais como uma técnica de governo do que como uma medida excepcional, mas também deixa aparecer sua natureza de paradigma constitutivo da ordem jurídica.

A análise de Tingsten concentra-se num problema técnico essencial que marca profundamente a evolução dos regimes parlamentares modernos: a extensão dos poderes do executivo no âmbito legislativo por meio da promulgação de decretos e disposições, como consequência da delegação contida em leis ditas de "plenos poderes".

Entendemos por leis de plenos poderes aquelas por meio das quais se atribui ao executivo um poder de regulamentação excepcionalmente amplo, em particular o poder de modificar e de anular, por decretos, as leis em vigor. (Tingsten, 1934, p. 13)

Dado que leis dessa natureza – que deveriam ser promulgadas para fazer face a circunstâncias excepcionais de necessidade e de emergência – contradizem a hierarquia entre lei e regulamento, que é a base das constituições democráticas, e delegam ao governo um poder legislativo que deveria ser competência exclusiva do Parlamento. Tingsten se propõe a examinar, numa série de países (França, Suíça, Bélgica, Estados Unidos, Inglaterra, Itália, Áustria e Alemanha), a situação que resulta da sistemática ampliação dos poderes governamentais durante a Primeira Guerra Mundial, quando, em muitos dos Estados beligerantes (ou também neutros, como na Suíça), foi declarado o estado de sítio ou foram promulgadas leis de plenos poderes. O livro não vai além do registro de uma longa enumeração de exemplos; contudo, na conclusão, o autor parece dar-se conta de que, embora um uso provisório e controlado dos plenos poderes seja teoricamente compatível com as constituições democráticas, "um exercício sistemático e regular do instituto leva necessariamente à liquidação da democracia" (ibidem, p. 333). De fato, a progressiva erosão dos poderes legislativos do Parlamento, que hoje se limita, com frequência, a ratificar disposições promulgadas pelo executivo sob a forma de decretos com força de lei, tornou-se desde então uma prática comum. A Primeira Guerra Mundial – e os anos seguintes – aparece, nessa perspectiva, como o laboratório em que se experimentaram e se aperfeiçoaram os mecanismos e dispositivos funcionais do estado de exceção como paradigma de governo. Uma das características essenciais do estado de exceção – a abolição provisória da distinção entre poder legislativo, executivo e judiciário – mostra, aqui, sua tendência a transformar-se em prática duradoura de governo.

O livro de Friedrich utiliza, bem mais do que deixa entender, a teoria schmittiana da ditadura, a qual, no entanto, é mencionada em uma nota, de forma depreciativa, como "um pequeno tratado partidário" (Friedrich, 1941, p. 812). A distinção schmittiana entre ditadura "comissária" e ditadura soberana apresenta-se aqui como oposição entre ditadura constitucional, que se propõe a salvaguardar a ordem constitucional, e ditadura inconstitucional, que leva à derrubada da ordem constitucional. A impossibilidade de definir e neutralizar as forças que determinam a transição da primeira à segunda forma de ditadura (exatamente o que ocorrera na Alemanha, por exemplo) é a aporia fundamental do livro de Friedrich, assim como, em geral, de toda a teoria da ditadura constitucional. Ela permanece prisioneira do círculo vicioso segundo o qual as medidas excepcionais, que se justificam como sendo para a defesa da constituição democrática, são aquelas que levam à sua ruína:

> Não há nenhuma salvaguarda institucional capaz de garantir que os poderes de emergência sejam efetivamente usados com o objetivo de salvar a constituição. Só a determinação do próprio povo em verificar se são usados para tal fim é que pode assegurar isso [...]. As disposições quase ditatoriais dos sistemas constitucionais modernos, sejam elas a lei marcial, o estado de sítio ou os poderes de emergência constitucionais, não podem exercer controles efetivos sobre a concentração dos poderes. Consequentemente, todos esses institutos correm o risco de serem transformados em sistemas totalitários, se condições favoráveis se apresentarem. (ibidem, p. 828 ss.)

É no livro de Rossiter que essas aporias irrompem em contradições abertas. Diferentemente de Tingsten e Friedrich, ele se propõe de forma explícita a justificar, por meio de um amplo exame histórico, a ditadura constitucional. Segundo ele, a partir do momento em que o regime democrático, com seu complexo equilíbrio de poderes, é concebido para funcionar em circunstâncias normais,

> em tempos de crise, o governo constitucional deve ser alterado por meio de qualquer medida necessária para neutralizar o perigo e restaurar a situação normal. Essa alteração implica, inevitavelmente, um governo mais forte, ou seja, o governo terá mais poder e os cidadãos menos direitos (Rossiter, 1948, p. 5).

Rossiter está consciente de que a ditadura constitucional (isto é, o estado de exceção) tornou-se, de fato, um paradigma de governo (*a well established principle of constitutional government* [ibidem, p. 4]) e que, como tal, é cheia de perigos: entretanto, é justamente sua necessidade imanente que quer demonstrar. Mas, nessa tentativa, enrosca-se em contradições insolúveis. O dispositivo schmittiano (que ele considera *trail-blazing, if somewhat occasional* e se propõe a corrigir [ibidem, p. 14]), segundo o qual a distinção entre ditadura "comissária" e ditadura soberana não é de natureza mas de grau, e em que a figura determinante é indubitavelmente a segunda, não se deixa, de fato, neutralizar tão facilmente. Embora Rossiter forneça onze critérios para distinguir a ditadura constitucional da inconstitucional, nenhum deles é capaz de definir uma diferença substancial nem de excluir a passagem de uma à outra. O fato é que os dois critérios essenciais da absoluta necessidade e do caráter temporário, aos quais, em última análise, todos os outros se reduzem, contradizem o que Rossiter sabe perfeitamente, isto é, que o estado de exceção agora tornou-se a regra: "Na era atômica em que o mundo agora entra, é provável que o uso dos poderes de emergência constitucional se torne a regra e não a exceção" (ibidem, p. 297); ou de modo ainda mais claro, no final do livro:

> Descrevendo os governos de emergência nas democracias ocidentais, este livro pode ter dado a impressão de que as téc-

nicas de governo, como a ditadura do executivo, a delegação dos poderes legislativos e a legislação por meio de decretos administrativos, sejam por natureza puramente transitórias e temporárias. Tal impressão seria certamente enganosa [...]. Os instrumentos de governo descritos aqui como dispositivos temporários de crise tornaram-se em alguns países, e podem tornar-se em todos, instituições duradouras mesmo em tempo de paz. (ibidem, p. 313)

A previsão, feita oito anos após a primeira formulação benjaminiana na oitava tese sobre o conceito de história, era indubitavelmente exata; mas as palavras que concluem o livro soam ainda mais grotescas: "Nenhum sacrifício pela nossa democracia é demasiado grande, menos ainda o sacrifício temporário da própria democracia" (ibidem, p. 314).

1.6 Um exame da situação do estado de exceção nas tradições jurídicas dos Estados ocidentais mostra uma divisão – clara quanto ao princípio, mas de fato muito mais nebulosa – entre ordenamentos que regulamentam o estado de exceção no texto da constituição ou por meio de uma lei, e ordenamentos que preferem não regulamentar explicitamente o problema. Ao primeiro grupo pertencem a França (onde nasceu o estado de exceção moderno, na época da Revolução) e a Alemanha; ao segundo, a Itália, a Suíça, a Inglaterra e os Estados Unidos. Também a doutrina se divide, respectivamente, entre autores que defendem a oportunidade de uma previsão constitucional ou legislativa do estado de exceção e outros, dentre os quais se destaca Carl Schmitt, que criticam sem restrição a pretensão de se regular por lei o que, por definição, não pode ser normatizado. Ainda que, no plano da constituição formal, a distinção seja indiscutivelmente importante (visto que pressupõe que, no segundo caso, os atos do governo, realizados fora da lei ou em oposição a ela, podem ser teoricamente considerados ilegais e devem, portanto, ser corrigidos por um *bill of indemnity* especial); naquele da constituição material, algo como um estado de exceção existe em todos os ordenamentos mencionados; e a história do instituto, ao menos a partir da Primeira Guerra Mundial, mostra que seu desenvolvimento é independente de sua formalização constitucional ou legislativa. Assim, na República de Weimar, cuja Constituição estabelecia no art. 48 os poderes do presidente do Reich nas situações em que a "segurança pública e a ordem" (*die öffentliche Sicherheit und Ordnung*) estivessem ameaçadas, o estado de exceção desempenhou um papel certamente mais determinante do que na Itália, onde o instituto não era previsto explicitamente, ou na França, que o regulamentava por meio de uma lei e que, porém, recorreu amiúde e maciçamente ao *état de siège* e à legislação por decreto.

1.7 O problema do estado de exceção apresenta analogias evidentes com o do direito de resistência. Discutiu-se muito, em especial nas assembleias constituintes, sobre a oportunidade de se inserir o direito de resistência no texto da constituição. Assim, no projeto da atual Constituição italiana, introduzira-se um artigo que estabelecia: "Quando os poderes públicos violam as liberdades fundamentais e os direitos garantidos pela Constituição, a resistência à opressão é um direito e um dever do cidadão". A proposta, que retomava uma sugestão de Giuseppe Dossetti, um dos representantes de maior prestígio da área católica, encontrou grande oposição. Ao longo do debate, prevaleceu a opinião de que era impossível regular juridicamente alguma coisa que, por sua natureza, escapava à esfera do direito positivo e o artigo foi rejeitado. Porém, na Constituição da República Federal Alemã, figura um artigo (o art. 20) que legaliza, sem restrições, o direito de resistência, afirmando que "contra quem tentar abolir esta ordem [a constituição democrática], todos os alemães têm o direito de resistência, se outros remédios não forem possíveis".

Os argumentos são, aqui, exatamente simétricos aos que opõem os defensores da legalização do estado de exceção no texto constitucional ou numa lei específica aos juristas que consideram sua regulamentação normativa totalmente inoportuna. Em todo caso, é certo que, se a resistência se tornasse um direito ou terminantemente um dever (cujo não cumprimento pudesse ser punido), não só a constituição acabaria por se colocar como um valor absolutamente intangível e totalizante, mas também as escolhas políticas dos cidadãos acabariam sendo juridicamente normalizadas. De fato, tanto no direito de resistência quanto no estado exceção, o que realmente está em jogo é o problema do significado jurídico de uma esfera de ação em si extrajurídica. Aqui se opõem duas teses: a que afirma que o direito deve coincidir com a norma e aquela que, ao contrário, defende que o âmbito do direito excede a norma. Mas, em última análise, as duas posições são solidárias no excluir a existência de uma esfera da ação humana que escape totalmente ao direito.

ℵ *Breve história do estado de exceção* – Já vimos como o estado de sítio teve sua origem na França, durante a Revolução. Depois de sua instituição pelo decreto da Assembleia Constituinte de 8 de julho de 1791, ele adquire fisionomia própria de *état de siège fictif* ou *politique* com a lei do Diretório de 27 de agosto de 1797 e, finalmente, com o decreto napoleônico de 24 de dezembro de 1811 (cf. p. 15). A ideia de uma suspensão da constituição (*de l'empire de la constitution*) havia sido introduzida, porém, como também já vimos, pela constituição de 22 frimário do ano VIII. O art. 14 da *Charte* de 1814 atribuía ao soberano o poder de "fazer os regulamentos e os decretos necessários para a execução das leis e a segurança do Estado"; por causa do caráter vago da fórmula, Chateaubriand observava *qu'il est possible qu'un beau matin toute la*

Charte soit confisquée au profit de l'article 14. O estado de sítio foi expressamente mencionado no *Acte additionnel* à constituição de 22 de abril de 1815, que restringia sua declaração a uma lei. Desde então, na França, a legislação sobre o estado de sítio marca o ritmo dos momentos de crise constitucional no decorrer dos séculos XIX e XX. Após a queda da Monarquia de Julho, no dia 24 de junho de 1848 um decreto da Assembleia Constituinte colocava Paris em estado de sítio e encarregava o general Cavaignac de restaurar a ordem na cidade. Na nova constituição de 4 de novembro de 1848, introduziu-se, pois, um artigo estabelecendo que uma lei definiria as ocasiões, as formas e os efeitos do estado de sítio. A partir desse momento, o princípio que domina (não sem exceções, como veremos) na tradição francesa (diferentemente da tradição alemã que o confia ao chefe do Estado) é o de que o poder de suspender as leis só pode caber ao próprio poder que as produz, isto é, ao Parlamento. A lei de 9 de agosto de 1849 (parcialmente modificada em sentido mais restritivo pela lei de 4 de abril de 1878) estabelecia, consequentemente, que o estado de sítio político podia ser declarado pelo Parlamento (ou, supletivamente, pelo chefe do Estado) em caso de perigo iminente para a segurança externa ou interna. Napoleão III recorreu com frequência a essa lei e, uma vez instalado no poder, na constituição de janeiro de 1852, confiou ao chefe do Estado o poder exclusivo de declarar o estado de sítio. A guerra franco-prussiana e a insurreição da Comuna coincidiram com uma generalização sem precedentes do estado de exceção, que foi proclamado em quarenta departamentos e, em alguns deles, vigorou até 1876. Com base nessas experiências e depois do fracassado golpe de Estado de Macmahon, em maio de 1877, a lei de 1849 foi alterada para estabelecer que o estado de sítio podia ser declarado por meio de uma simples lei (ou, se a Câmara dos Deputados não estivesse reunida, pelo chefe do Estado, com a obrigação de convocar as Câmaras no prazo de dois dias), em casos de "perigo iminente devido a uma guerra externa ou a uma insurreição armada" (lei de 4 de abril de 1878, art. I).

A Primeira Guerra Mundial coincide, na maior parte dos países beligerantes, com um estado de exceção permanente. No dia 2 de agosto de 1914, o presidente Poincaré emitiu um decreto que colocava o país inteiro em estado de sítio e que, dois dias depois, foi transformado em lei pelo

Parlamento. O estado de sítio teve vigência até 12 de outubro de 1919. Embora a atividade do Parlamento – suspensa durante os primeiros seis meses de guerra – tivesse sido retomada em janeiro de 1915, muitas das leis votadas eram, na verdade, meras delegações legislativas ao executivo, como a de 10 de fevereiro de 1918 que atribuía ao governo um poder praticamente absoluto de regular por decretos a produção e o comércio dos gêneros alimentícios. Tingsten observou que, desse modo, o poder executivo transformava-se, em sentido próprio, em órgão legislativo (Tingsten, 1934, p. 18). Em todo caso, foi nesse período que a legislação excepcional por meio de decreto governamental (que nos é hoje perfeitamente familiar) tornou-se uma prática corrente nas democracias europeias.

Como era previsível, a ampliação dos poderes do executivo na esfera do legislativo prosseguiu depois do fim das hostilidades e é significativo que a emergência militar então desse lugar à emergência econômica por meio de uma assimilação implícita entre guerra e economia. Em janeiro de 1924, num momento de grave crise que ameaçava a estabilidade do franco, o governo Poincaré pediu plenos poderes em matéria financeira. Após um duro debate, em que a oposição mostrou que isso equivalia, para o Parlamento, a renunciar a seus poderes constitucionais, a lei foi votada em 22 de março, limitando a quatro meses os poderes especiais do governo. Em 1935, o governo Laval fez votar medidas análogas que lhe permitiram emitir mais de cinquenta decretos "com força de lei" para evitar a desvalorização do franco. A oposição de esquerda, dirigida por Léon Blum colocou-se firmemente contra essa prática "fascista"; mas é significativo que, uma vez no poder com a Frente Popular, a esquerda, em junho de 1937, pedisse ao Parlamento plenos poderes para desvalorizar o franco, fixar o controle do câmbio e cobrar novos impostos. Como já se observou (Rossiter, 1948, p. 123), isso significava que a nova prática de legislação por meio de decreto governamental, inaugurada durante a guerra, era agora uma prática aceita por todas as forças políticas. Em 30 de junho de 1937, os poderes que haviam sido recusados a Léon Blum foram concedidos ao governo Chautemps, no qual alguns ministérios-chave foram confiados a não socialistas. E, no dia 10 de abril de 1938, Édouard Daladier pediu e obteve do

Parlamento poderes excepcionais de legislação por decreto para fazer face à ameaça da Alemanha nazista e à crise econômica, de modo que se pode dizer que, até o fim da Terceira República, "os procedimentos normais da democracia parlamentar foram colocados em suspenso" (ibidem, p. 124). É importante não esquecer esse contemporâneo processo de transformação das constituições democráticas entre as duas guerras mundiais quando se estuda o nascimento dos chamados regimes ditatoriais na Itália e na Alemanha. Sob a pressão do paradigma do estado de exceção, é toda a vida político-constitucional das sociedades ocidentais que, progressivamente, começa a assumir uma nova forma que, talvez, só hoje tenha atingido seu pleno desenvolvimento. Em dezembro de 1939, depois que estourou a guerra, o governo obteve a faculdade de tomar, por meio de decreto, todas as medidas necessárias para garantir a defesa da nação. O Parlamento permaneceu reunido (salvo quando foi suspenso por um mês para privar da imunidade os parlamentares comunistas), mas toda a atividade legislativa continuava permanentemente nas mãos do executivo. Quando o marechal Pétain tomou o poder, o Parlamento francês era a sombra de si mesmo. De toda forma, o ato constitucional de 11 de julho de 1940 conferia ao chefe do Estado a faculdade de declarar o estado de sítio em todo o território nacional (agora parcialmente ocupado pelo exército alemão).

Na constituição atual, o estado de exceção é regulado pelo art. 16, desejado por De Gaulle, e estabelece que o presidente da República tomará as medidas necessárias

> quando as instituições da República, a independência da nação, a integridade de seu território ou a execução de seus compromissos internacionais estiverem ameaçados de modo grave e imediato e o funcionamento regular dos poderes públicos constitucionais estiver interrompido.

Em abril de 1961, durante a crise argelina, De Gaulle recorreu ao art. 16, embora o funcionamento dos poderes públicos não tivesse sido interrompido. Desde então, o art. 16 nunca mais foi evocado, mas, conforme uma tendência em ato em todas as democracias ocidentais, a declaração do estado de exceção é progressivamente substituída por uma generalização sem precedentes do paradigma da segurança como técnica normal de governo.

A história do art. 48 da Constituição de Weimar é tão estreitamente entrelaçada com a história da Alemanha de entre as duas guerras, que não é possível compreender a ascensão de Hitler ao poder sem uma análise preliminar dos usos e abusos desse artigo nos anos que vão de 1919 a 1933. Seu precedente imediato era o art. 68 da Constituição bismarkiana, o qual, caso "a segurança pública estivesse ameaçada no território do Reich", atribuía ao imperador a faculdade de declarar uma parte do território em estado de guerra (*Kriegszustand*) e remetia, para a definição de suas modalidades, à lei prussiana sobre o estado de sítio, de 4 de junho de 1851. Na situação de desordem e de rebeliões que se seguiu ao fim da guerra, os deputados da Assembleia Nacional que deveria votar a nova constituição, assistidos por juristas, entre os quais se destaca o nome de Hugo Preuss, introduziram no texto um artigo que conferia ao presidente do Reich poderes excepcionais extremamente amplos. De fato, o texto do art. 48 estabelecia:

> Se, no Reich alemão, a segurança e a ordem pública estiverem seriamente [*erheblich*] conturbadas ou ameaçadas, o presidente do Reich pode tomar as medidas necessárias para o restabelecimento da segurança e da ordem pública, eventualmente com a ajuda das forças armadas. Para esse fim, ele pode suspender total ou parcialmente os direitos fundamentais [*Grundrechte*], estabelecidos nos artigos 114, 115, 117, 118, 123, 124 e 153.

O artigo acrescentava que uma lei definiria, nos aspectos particulares, as modalidades do exercício desse poder presidencial. Dado que essa lei nunca foi votada, os poderes excepcionais do presidente permaneceram de tal forma indeterminados que não só a expressão "ditadura presidencial" foi usada correntemente na doutrina em referência ao art. 48, como também Schmitt pôde escrever, em 1925, que "nenhuma constituição do mundo havia, como a de Weimar, legalizado tão facilmente um golpe de Estado" (Schmitt, 1995, p. 25).

Os governos da República, a começar pelo de Brüning, fizeram uso continuado – com uma relativa pausa entre 1925 e 1929 – do art. 48, declarando o estado de exceção e promulgando decretos de urgência em mais de 250 ocasiões; serviram-se dele particularmente para prender milhares de militantes comunistas e para instituir tribunais especiais habilitados a decretar condenações à pena de morte. Em várias oportunidades, especialmente em outubro de 1923, o governo usou o art. 48 para enfrentar a queda do marco, confirmando a tendência moderna de fazer coincidirem emergência político-militar e crise econômica.

Sabe-se que os últimos anos da República de Weimar transcorreram inteiramente em regime de estado de exceção; menos evidente é a constatação de que, provavelmente, Hitler não teria podido tomar o poder se o país não estivesse há quase três anos em regime de ditadura presidencial e se o Parlamento estivesse funcionando. Em julho de 1930, o governo Brüning foi posto em minoria. Ao invés de apresentar seu pedido de demissão, Brüning obteve do presidente Hindenburg o recurso ao art. 48 e a dissolução do *Reichstag*. A partir desse momento, a Alemanha deixou de fato de ser uma república parlamentar. O Parlamento se reuniu apenas sete vezes, durante não mais que doze semanas, enquanto uma coalizão flutuante de socialdemocratas e centristas limitava-se ao papel de espectadores de um governo que, então, dependia só do presidente do Reich. Em 1932, Hindenburg, reeleito presidente contra Hitler e Thälmann, obrigou Brüning a se demitir e nomeou em seu lugar o centrista von Papen. No dia 4 de junho, o *Reichstag* foi dissolvido e não foi mais convocado até o advento do nazismo. No dia 20 de julho, foi declarado o estado de exceção no território prussiano e von Papen foi nomeado comissário do Reich para a Prússia, expulsando o governo socialdemocrata de Otto Braun.

O estado de exceção em que a Alemanha se encontrou sob a presidência de Hindenburg foi justificado por Schmitt no plano constitucional a partir da ideia de que o presidente agia como "guardião da constituição" (Schmitt, 1931); mas o fim da República de Weimar mostra, ao contrário e de modo claro, que uma "democracia protegida" não é uma democracia e que o paradigma da ditadura constitucional funciona sobretudo como uma fase de transição que leva fatalmente à instauração de um regime totalitário.

Dados esses precedentes, é compreensível que a constituição da República Federal não mencione o estado de exceção; contudo, no dia 24 de junho de 1968, a "grande coalizão" entre democratas cristãos e socialdemocratas votou uma lei de integração da constituição (*Gesetz zur Ergänzung des Grundgesetzes*) que reintroduzia o estado de exceção (definido como "estado de necessidade interna", *innere Notstand*). Por uma inconsciente ironia, pela primeira vez na história do instituto a declaração do estado de exceção era, porém, prevista não simplesmente para a salvaguarda da segurança e da ordem pública, mas para a defesa da "constituição liberal-democrata". A democracia protegida tornava-se, agora, a regra.

No dia 3 de agosto de 1914, a Assembleia Federal suíça conferiu ao Conselho Federal "o poder ilimitado de tomar todas as medidas necessárias para garantir a segurança, a integridade e a neutralidade da Suíça". Esse ato insólito, em virtude do qual um Estado não beligerante atribuía ao executivo poderes ainda mais amplos e indeterminados que aqueles que haviam recebido os governos dos países diretamente envolvidos na guerra, é interessante pelas discussões a que deu lugar, tanto na própria Assembleia quanto por ocasião das objeções de inconstitucionalidade apresentadas pelos cidadãos diante do Tribunal Federal suíço. Com quase trinta anos de avanço em relação aos teóricos da ditadura constitucional, a tenacidade dos juristas suíços – que tentaram, na ocasião, deduzir (como Waldkirch e Burckhardt) a legitimidade do estado de exceção do próprio texto da constituição (segundo o art. 2, "a Constituição tem por objetivo assegurar a independência da pátria contra o estrangeiro e manter a ordem e a tranquilidade em seu interior") ou tentaram fundá-la (como Hoerni e Fleiner) sobre um direito de necessidade "inerente à existência mesma do Estado", ou ainda (como His), sobre uma lacuna do direito que deve ser preenchida por disposições excepcionais – mostra que a teoria do estado de exceção não é de modo algum patrimônio exclusivo da tradição antidemocrática.

A história e a situação jurídica do estado de exceção na Itália apresentam um interesse particular sob o ponto de vista da legislação por meio de decretos governamentais de urgência (chamados "decretos-lei"). Na realidade, pode-se dizer que, sob esse ângulo, a Itália havia funcionado como um verdadeiro laboratório político-jurídico no qual, pouco a pouco, se organizou o processo – presente também, com diferenças, em outros Estados europeus – pelo qual o decreto-lei "de instrumento derrogatório e excepcional de produção normativa transformou-se em uma fonte ordinária de produção do direito" (Fresa, 1981, p. 156). Mas isso significa, igualmente, que um Estado onde os governos eram frequentemente instáveis elaborou um dos paradigmas essenciais através do qual a democracia parlamentar se torna governamental. De todo modo, é nesse contexto que o pertencimento do decreto de urgência ao âmbito problemático do estado de exceção aparece com clareza. O Estatuto albertino (como, aliás, a Constituição republicana em vigor) não mencionava o estado de exceção. Entretanto, os governos do reino recorreram muitas vezes à declaração do estado de sítio: em Palermo e nas províncias sicilianas, em 1862 e 1866; em Nápoles, em 1862; na Sicília e na Lunigiana, em 1894; em 1898, em Milão e Nápoles, onde a repressão das desordens foi particularmente sangrenta e suscitou duros debates no Parlamento. A declaração do estado de sítio por ocasião do terremoto de Messina e Reggio Calábria, em 28 de dezembro de 1908, é um caso à parte apenas aparentemente. Não só as verdadeiras razões da declaração eram de ordem pública (tratava-se de reprimir o vandalismo e os saques provocados pela catástrofe), como também, de um ponto de vista teórico, é significativo que esses excessos tenham fornecido a oportunidade a Santi Romano e a outros juristas italianos de elaborarem a tese – sobre a qual devemos nos deter na sequência – da necessidade como fonte primária do direito.

Em todos esses casos, a declaração do estado de sítio decorre de um decreto real que, mesmo não contendo nenhuma cláusula de ratificação parlamentar, sempre foi aprovado pelo Parlamento como os outros decretos de urgência não concernentes ao estado de sítio (em 1923 e 1924, foram transformados em lei assim, em bloco, alguns milhares de decretos-lei promulgados nos anos anteriores e que não foram despachados). No ano de 1926, o regime fascista fez aprovar uma lei que regulamentava expressamente a matéria dos decretos-lei. O art. 3 estabelecia que, após deliberação do conselho de ministros, podiam ser promulgadas por decreto real normas com força de lei: 1) quando, para esse fim, o governo for delegado por uma lei nos limites da delegação; 2) nos casos extraordinários em que razões de necessidade urgente e absoluta o exigirem. O julgamento sobre a necessidade e sobre a urgência está sujeito somente ao controle político do Parlamento.

Os decretos previstos na segunda alínea deveriam conter a cláusula de apresentação ao Parlamento para a transformação em lei, mas a perda da autonomia das Câmaras durante o regime fascista tornou a cláusula supérflua.

Apesar do abuso na promulgação de decretos de urgência por parte dos governos fascistas ser tão grande que o próprio regime sentiu necessidade de limitar seu alcance em 1939, a Constituição republicana, por meio do art. 77, estabeleceu com singular continuidade que, "nos casos extraordinários de necessidade e de urgência", o governo poderia adotar "medidas provisórias com força de lei", as quais deveriam ser apresentadas no mesmo dia às Câmaras e perderiam sua eficácia se não fossem transformadas em lei dentro de sessenta dias, contados a partir da publicação.

Sabe-se que a prática da legislação governamental por meio de decretos-lei tornou-se, desde então, a regra na Itália. Não só se recorreu aos decretos de urgência nos períodos de crise política, contornando assim o princípio constitucional de que os direitos dos cidadãos não poderiam ser limitados senão por meio de leis (cf., para a repressão do terrorismo, o decreto-lei de 28 de março de 1978, n. 59, transformado na lei de 21 de maio de 1978, n. 191 – a chamada lei Moro –, e o decreto-lei de 15 de dezembro de 1979, n. 625, transformado na lei 6 de fevereiro de 1980, n. 15), como também os decretos-lei constituem a tal ponto a forma normal de legislação que puderam ser definidos como "projetos de lei reforçados por urgência garantida" (Fresa, 1981, p. 152). Isso significa que o princípio democrático da divisão dos poderes hoje está caduco e que o poder executivo absorveu de fato, ao menos em parte, o poder legislativo. O Parlamento não é mais o órgão soberano a quem compete o poder exclusivo de obrigar os cidadãos pela lei: ele se limita a ratificar os decretos emanados do poder executivo. Em sentido técnico, a República não é mais parlamentar e, sim, governamental. E é significativo que semelhante transformação da ordem constitucional, que hoje ocorre em graus diversos em todas as democracias ocidentais, apesar de bem conhecida pelos juristas e pelos políticos, permaneça totalmente despercebida por parte dos cidadãos. Exatamente no momento em que gostaria de dar lições de democracia a culturas e a tradições diferentes, a cultura política do Ocidente não se dá conta de haver perdido por inteiro os princípios que a fundam.

O único dispositivo jurídico que, na Inglaterra, poderia ser comparado com o *état de siège* francês é conhecido pelo nome de *martial law*; trata-se, porém, de um conceito tão vago que foi possível defini-lo, com razão, como "um termo infeliz para justificar, por meio da *common law*, os atos realizados por necessidade com o objetivo de defender a *commonwealth* em caso de guerra" (Rossiter, 1948, p. 142). Entretanto, isso não significa que algo como um estado de exceção não possa existir. A possibilidade da Coroa de declarar a *martial law* limitava-se, em geral, aos *Mutiny Acts* em tempo de guerra; contudo, ela acarretava necessariamente graves consequências para os civis estrangeiros que fossem envolvidos na repressão armada. Assim, Schmitt tentou distinguir a *martial law* dos tribunais militares e dos processos sumários que, num primeiro momento, foram aplicados apenas aos soldados, para concebê-la como um processo puramente fatual e aproximá-la do estado de exceção:

> Apesar do nome que leva, o direito da guerra não é, na realidade, um direito ou uma lei, mas, antes, um procedimento guiado essencialmente pela necessidade de atingir um determinado objetivo. (Schimitt, 1921, p. 183)

Ainda no caso da Inglaterra, a Primeira Guerra Mundial desempenhou papel decisivo na generalização dos dispositivos governamentais de exceção. Logo após a declaração da guerra, o governo solicitou, de fato, ao Parlamento a aprovação de uma série de medidas de emergência, as quais haviam sido preparadas pelos ministros competentes e foram votadas praticamente sem discussão. A mais importantes delas é o *Defence of Realm Act* de 4 de agosto de 1914, conhecido como DORA, que não só conferia ao governo poderes muito amplos para regular a economia de guerra, mas também previa graves limitações dos direitos fundamentais dos cidadãos (em particular, a competência dos tribunais militares para julgar os civis). Como na França, a atividade do Parlamento teve um eclipse significativo durante todo o período da guerra. Entretanto, ficou demonstrado que se tratava também, para a Inglaterra, de um processo que ia além da emergência devida à guerra, pela aprovação – em 29 de outubro de 1920, num período de greves e de tensões sociais – do *Emmergency Powers Act*. Realmente, seu art. 1 afirma:

> Toda vez que parecer a Sua Majestade que tenha sido, ou esteja prestes a ser, empreendida uma ação, por parte de pessoas ou de grupos, de natureza e envergadura tais que se possa presumir que, perturbando o abastecimento e a distribuição de alimentos, água, carburante ou eletricidade ou ainda os meios de transporte, tal ação prive a comunidade, ou parte dela, daquilo que é necessário à vida, Sua Majestade pode, com uma proclamação (de agora em diante referida como proclamação de emergência), declarar o estado de emergência.

O art. 2 da lei atribuía a *His Majesty in Council* o poder de promulgar regulamentos e de conferir ao executivo "todo o poder necessário para a manutenção da ordem", introduzindo tribunais especiais (*courts of summary jurisdiction*) para os transgressores da lei. Mesmo que as penas impostas por esses tribunais não pudessem ultrapassar três meses de prisão ("com ou sem trabalhos forçados"), o princípio do estado de exceção acabava de ser firmemente introduzido no direito inglês.

O lugar – ao mesmo tempo lógico e pragmático – de uma teoria do estado de exceção na constituição norte-americana está na dialética entre os poderes do presidente e os do Congresso. Essa dialética foi historicamente determinada – e já de modo exemplar a partir da guerra civil – como conflito relativo à autoridade suprema numa situação de emergência; em termos schimittianos (e isso é certamente significativo, num país que é considerado o berço da democracia), como conflito relativo à decisão soberana.

A base textual do conflito está, antes de tudo, no art. 1 da Constituição, o qual estabelece que "o privilégio do *writ* do *habeas corpus* não será suspenso, exceto se, em caso de rebelião ou de invasão, a segurança pública [*public safety*] o exigir"; mas ele não define qual é a autoridade competente para decidir sua suspensão (embora a opinião dominante e o contexto mesmo da passagem permitam presumir que a cláusula seja dirigida ao Congresso e não ao presidente). O segundo ponto conflitante está na relação entre uma outra passagem do mesmo art. 1 (que atribui ao Congresso o poder de declarar guerra, de recrutar e manter o exército e a frota) e o art. 2, que afirma que "o presidente será o comandante-em-chefe [*commander in chief*] do exército e da frota dos Estados Unidos".

Os dois problemas atingem um limiar crítico com a guerra civil (1861 – 1865). No dia 15 de abril de 1861, contradizendo o que diz o art. 1, Lincoln decretou o recrutamento de um exército de 75 mil homens e convocou o Congresso em sessão especial para o dia 4 de julho. Durante as dez semanas que transcorreram entre 15 de abril e 4 de julho, Lincoln agiu, de fato, como um ditador absoluto (em seu livro *Die Diktatur*, Schmitt pôde, portanto, citá-lo como exemplo perfeito de ditadura "comissária": cf. 1921, p. 136). No dia 27 de abril, por uma decisão tecnicamente mais significativa ainda, autorizou o chefe do estado-maior do exército a suspender o *writ* de *habeas corpus*, sempre que considerasse necessário, ao longo da via de comunicação entre Washington e Filadélfia, onde haviam ocorrido desordens. A tomada de medidas provisórias unicamente pelo presidente continuou, aliás, mesmo depois da convocação do Congresso (assim, em 14 de fevereiro de 1862, Lincoln impôs uma censura sobre o correio e autorizou a prisão e detenção em cárceres militares das pessoas suspeitas de "disloyal and treasonable practices").

No discurso dirigido ao Congresso, enfim reunido no dia 4 de julho, o presidente justificou abertamente, enquanto detentor de um poder supremo, a violação da constituição numa situação de necessidade. As medidas que havia adotado – declarou ele – "tenham ou não sido legais em sentido estrito", haviam sido decididas "sob a pressão de uma exigência popular e de um estado de necessidade pública", na certeza de que o Congresso as teria ratificado. Ele se baseava na convicção de que a lei fundamental podia ser violada, se estivesse em jogo a própria existência da união e da ordem jurídica ("todas as leis, exceto uma, podiam ser transgredidas; o governo deveria, então, se arruinar por não ter violado essa lei?") (Rossiter, 1948, p. 229).

Numa situação de guerra, o conflito entre o presidente e o Congresso é essencialmente teórico: de fato, o Congresso, embora perfeitamente consciente de que a legalidade constitucional havia sido transgredida, não podia senão ratificar – como o fez no dia 6 de agosto de 1861 – os atos do presidente.

Fortalecido por essa aprovação, no dia 22 de setembro de 1862 o presidente proclamou, sob sua única responsabilidade, a libertação dos escravos e, dois dias depois, estendeu o estado de exceção a todo o território dos Estados Unidos, autorizando a prisão e o julgamento perante o tribunal marcial de "todo rebelde e insurgente, de seus cúmplices e partidários em todo o país e de qualquer pessoa que desestimulasse o recrutamento voluntário, que resistisse ao alistamento ou que se tornasse culpado de práticas desleais que pudessem trazer ajuda aos insurgentes". O presidente dos Estados Unidos era agora o detentor da decisão soberana sobre o estado de exceção.

Segundo os historiadores norte-americanos, o presidente Woodrow Wilson concentrou em sua pessoa, durante a Primeira Guerra Mundial, poderes ainda mais amplos que aqueles que se arrogara Abraham Lincoln. Entretanto, é necessário esclarecer que, ao invés de ignorar o Congresso, como fez Lincoln, preferiu, a cada vez, fazer com que o Congresso lhe delegasse os poderes em questão. Nesse sentido, sua prática de governo aproxima-se mais da que deveria prevalecer nos mesmos anos na Europa ou da prática atual que, à declaração de um estado de exceção, prefere a promulgação de leis excepcionais. Em todo caso, de 1917 a 1918, o Congresso aprovou uma série de *Acts* (do *Espionage Act* de junho de 1917 ao *Overman Act* de maio de 1918) que atribuíam ao presidente o controle total da administração do país e proibiam não só as atividades desleais (como a colaboração com o inimigo e a divulgação de notícias falsas), mas também "proferir voluntariamente, imprimir ou publicar qualquer discurso desleal, ímpio, obsceno ou enganoso".

A partir do momento em que o poder soberano do presidente se fundava essencialmente na emergência ligada a um estado de guerra, a metáfora bélica tornou-se, no decorrer do século XX, parte integrante do vocabulário político presidencial sempre que se tratava de impor decisões consideradas de importância vital. Franklin D. Roosevelt conseguiu assim, em 1933, assegurar-se poderes extraordinários para enfrentar a grande depressão, apresentando sua ação como a de um comandante durante uma campanha militar:

> Assumo sem hesitar o comando do grande exército de nosso povo para conduzir, com disciplina, o ataque aos nossos problemas comuns [...]. Estou preparado para recomendar, segundo meus deveres constitucionais, todas as medidas exigidas por uma nação ferida num mundo ferido [...]. Caso o Congresso não consiga adotar as medidas necessárias e caso a urgência nacional deva prolongar-se, não me furtarei à clara exigência dos deveres que me incumbem. Pedirei ao Congresso o único instrumento que me resta para enfrentar a crise: amplos poderes executivos para travar uma guerra contra a emergência [*to wage war against the emergency*], poderes tão amplos quanto os que me seriam atribuídos se fôssemos invadidos por um inimigo externo. (Roosevelt, 1938, p. 16)

É importante não esquecer que – segundo o paralelismo já apontado entre emergência militar e emergência econômica que caracteriza a política do século XX – o *New Deal* foi realizado do ponto de vista constitucional pela delegação (contida numa série de *Statutes* que culminam no *National Recovery Act* de 16 de junho de 1933) ao presidente de um poder ilimitado de regulamentação e de controle sobre todos os aspectos da vida econômica do país.

A eclosão da Segunda Guerra Mundial estendeu esses poderes com a declaração, no dia 8 de setembro de 1939, de uma emergência nacional "limitada" que se tornou ilimitada em 27 de maio de 1941. Em 7 de setembro de 1941, solicitando ao Congresso a anulação de uma lei sobre matéria econômica, o presidente renovou seu pedido de poderes soberanos para enfrentar a crise:

> Se o Congresso não agir, ou agir de modo inadequado, eu mesmo assumirei a responsabilidade da ação [...]. O povo norte-americano pode estar certo de que não hesitarei em usar todo o poder de que estou investido para derrotar os nossos inimigos em qualquer parte do mundo em que nossa segurança o exigir. (Rossiter, 1948, p. 269)

A violação mais espetacular dos direitos civis (e ainda mais grave, porque motivada unicamente por razões raciais) ocorreu no dia 19 de fevereiro de 1942 com a deportação de 70 mil cidadãos norte-americanos de origem japonesa e que residiam na costa ocidental (juntamente com 40 mil cidadãos japoneses que ali viviam e trabalhavam).

É na perspectiva dessa reivindicação dos poderes soberanos do presidente em uma situação de emergência que se deve considerar a decisão do presidente Bush de referir-se constantemente a si mesmo, após o 11 de setembro de 2001, como o *Commander in chief of the army*. Se, como vimos, tal título implica uma referência imediata ao estado de exceção, Bush está procurando produzir uma situação em que a emergência se torne a regra e em que a própria distinção entre paz e guerra (e entre guerra externa e guerra civil mundial) se torne impossível.

1.8 À diversidade das tradições jurídicas corresponde, na doutrina, a divisão entre os que procuram inserir o estado de exceção no âmbito do ordenamento jurídico e aqueles que o consideram exterior a esse ordenamento, isto é, como um fenômeno essencialmente político ou, em todo caso, extrajurídico. Entre os primeiros, alguns – como Santi Romano, Hauriou, Mortati – concebem o estado de exceção como parte integrante do direito positivo, pois a necessidade que o funda age como fonte autônoma de direito; outros – como Hoerni, Ranelletti, Rossiter – entendem-no como um direito subjetivo (natural ou constitucional) do Estado à sua própria conservação. Os segundos – entre os quais estão Biscaretti, Balladore-Pallieri, Carré de Malberg – consideram, ao contrário, o estado de exceção e a necessidade que o funda como elementos de fato substancialmente extrajurídicos, ainda que possam, eventualmente, ter consequências no âmbito do direito. Julius Hatschek resumiu os diversos pontos de vista na oposição entre uma *objektive Notstandstheorie* (teoria objetiva do estado de necessidade), segundo a qual todo ato realizado em estado de necessidade e fora ou em oposição à lei é contrário ao direito e, enquanto tal, juridicamente passível de acusação, e uma *subjektive Notstandstheorie* (teoria subjetiva do estado de necessidade), segundo a qual o poder excepcional se baseia "num direito constitucional ou pré-constitucional (natural)" do Estado (Hatschek, 1923, p. 158 ss.), em relação ao qual a boa fé é suficiente para garantir a imunidade jurídica.

A simples oposição topográfica (dentro/fora) implícita nessas teorias parece insuficiente para dar conta do fenômeno que deveria explicar. Se o que é próprio do estado de exceção é a suspensão (total ou parcial) do ordenamento jurídico, como poderá essa suspensão ser ainda compreendida na ordem legal? Como pode uma anomia ser inscrita na ordem jurídica? E se, ao contrário, o estado de exceção é apenas uma situação de fato e, enquanto tal, estranha ou contrária à lei; como é possível o ordenamento jurídico ter uma lacuna justamente quanto a uma situação crucial? E qual é o sentido dessa lacuna?

Na verdade, o estado de exceção não é nem exterior nem interior ao ordenamento jurídico e o problema de sua definição diz respeito a um patamar, ou a uma zona de indiferença, em que dentro e fora não se excluem mas se indeterminam. A suspensão da norma não significa sua abolição e a zona de anomia por ela instaurada não é (ou, pelo menos, não pretende ser) destituída de relação com a ordem jurídica. Donde o interesse das teorias que, como a de Schmitt, transformam a oposição topográfica em uma relação topológica mais complexa, em que está em questão o próprio limite do ordenamento jurídico. Em todo caso, a compreensão do problema do estado de exceção pressupõe uma correta determinação de sua localização (ou de sua deslocalização). Como veremos, o conflito a respeito do estado de exceção apresenta-se essencialmente como uma disputa sobre o *locus* que lhe cabe.

1.9 Uma opinião recorrente coloca como fundamento do estado de exceção o conceito de necessidade. Segundo o adágio latino muito repetido (uma história da função estratégica dos *adagia* na literatura jurídica ainda está por ser escrita), *necessitas legem non habet*, ou seja, a necessidade não tem lei, o que deve ser entendido em dois sentidos opostos: "a necessidade não reconhece nenhuma lei" e "a necessidade cria sua própria lei" (*nécessité fait loi*). Em ambos os casos, a teoria do estado de exceção se resolve integralmente na do *status necessitatis*, de modo que o juízo sobre a subsistência deste esgota o problema da legitimidade daquele. Um estudo da estrutura e do significado do estado de exceção pressupõe, portanto, uma análise do conceito jurídico de necessidade.

O princípio de que *necessitas legem non habet* encontrou sua formulação no *Decretum* de Graciano, onde aparece duas vezes: uma primeira vez na glosa e uma segunda, no texto. A glosa (que se refere a uma passagem em que Graciano limita-se genericamente a afirmar que "por necessidade ou por qualquer outro motivo, muitas coisas são realizadas contra a regra", *pars I, dist. 48*) parece atribuir à necessidade o poder de tornar lícito o ilícito (*si propter necessitatem aliquid fit, illud licite fit: quia quod non est licitum in lege, necessitas facit licitum. Item necessitas legem non habet*). Mas compreende-se melhor em que sentido isso deve ser entendido por meio do texto seguinte de Graciano (*pars III, dist. I, cap. II*), o qual se refere à celebração da missa. Depois de haver esclarecido que o sacrifício deve ser oferecido sobre o altar ou em um lugar consagrado, Graciano acrescenta: "É preferível não cantar nem ouvir missa a celebrá-la nos lugares em que não deve ser celebrada; a menos que isso se dê por uma suprema necessidade, porque a necessidade não tem lei" (*nisi pro summa necessitate contingat, quoniam necessitas legem non habet*). Mais do que tornar lícito o ilícito, a necessidade age aqui como justificativa para uma transgressão em um caso específico por meio de uma exceção.

Isso fica evidente no modo como Tomás de Aquino desenvolve e comenta tal princípio na *Summa theologica*, exatamente em relação ao poder do príncipe de dispensar da lei (*Prima secundæ, q. 96, art. 6: utrum ei qui subditur legi, liceat praeter verba legis agere*):

> Se a observância literal da lei não implicar um perigo imediato ao qual seja preciso opor-se imediatamente, não está no poder de qualquer homem interpretar que coisa é útil ou prejudicial à cidade; isso é competência exclusiva do príncipe que, num caso do gênero, tem autoridade para dispensar da lei. Porém, se houver um perigo iminente, a respeito do qual não haja tempo para recorrer a um superior, a própria necessidade traz consigo a dispensa, porque a necessidade não está sujeita à lei [*ipsa necessitas dispensationem habet annexam, quia necessitas non subditur legi*].

A teoria da necessidade não é aqui outra coisa que uma teoria da exceção (*dispensatio*) em virtude da qual um caso particular escapa à obrigação da observância da lei. A necessidade não é fonte de lei e tampouco suspende, em sentido próprio, a lei; ela se limita a subtrair um caso particular à aplicação literal da norma:

> Aquele que, em caso de necessidade, age além do texto da lei, não julga a lei, mas o caso particular em que vê que a letra da lei não deve ser observada [*non iudicat de ipsa lege, sed iudicat de casu singulari, in quo videt verba legis observanda non esse*].

O fundamento último da exceção não é aqui a necessidade, mas o princípio segundo o qual

> toda lei é ordenada à salvação comum dos homens, e só por isso tem força e razão de lei [*vim et rationem legis*]; à medida que, ao contrário, faltar a isso, perderá sua força de obrigação [*virtutem obligandi non habet*].

Em caso de necessidade, a *vis obligandi* da lei desaparece porque a finalidade da *salus hominum* vem, no caso, a faltar. É evidente que não se trata aqui de um *status*, de uma situação da ordem jurídica enquanto tal (o estado de exceção ou de necessidade), mas sim, sempre, de um caso particular em que *vis* e *ratio* da lei não se aplicam.

א Um exemplo de não aplicação da lei *ex dispensatione misericordiae* aparece em Graciano, numa passagem particular em que o canonista afirma que a Igreja pode deixar de punir uma transgressão no caso em que o ato transgressivo já tiver sido realizado (*pro eventu rei*: por exemplo, uma pessoa que não poderia aceder ao episcopado e que já foi, de fato, sagrada bispo). Aqui, paradoxalmente, a lei não se aplica porque o ato transgressivo já foi efetivamente realizado e sua punição implicaria consequências negativas para a Igreja. Analisando esse texto, Anton Schütz observou, com razão, que

> *en conditionnant la validité par la facticité, en cherchant le contact avec un réel extrajuridique, il [Gratien] empêche le droit de ne se référer qu'au droit, et prévient ainsi la clôture du système juridique.* (Schütz, 1995, p. 120)

A exceção medieval representa, nesse sentido, uma abertura do sistema jurídico a um fato externo, uma espécie de *fictio legis* pela qual, no caso, se age como se a escolha do bispo tivesse sido legítima. O estado de exceção moderno é, ao contrário, uma tentativa de incluir na ordem jurídica a própria exceção, criando uma zona de indiferenciação em que fato e direito coincidem.

א Uma crítica implícita ao estado de exceção encontra-se em *De monarchia*, de Dante. Tentando provar que Roma conseguiu o domínio sobre o mundo não por meio da violência, mas do *iure*, Dante afirma, de fato, que é impossível alcançar o objetivo do direito (isto é, o bem comum) sem o direito e que, portanto, "quem se propõe a alcançar o objetivo do direito, deve proceder conforme o direito [*quicumque finem iuris intendit cum iure graditur*]" (II, 5, 22). A ideia de que uma suspensão do direito pode ser necessária ao bem comum é estranha ao mundo medieval.

1.10 Somente com os modernos é que o estado de necessidade tende a ser incluído na ordem jurídica e a apresentar-se como verdadeiro "estado" da lei. O princípio de que a necessidade define uma situação particular em que a lei perde sua *vis obligandi* (esse é o sentido do adágio *necessitas legem non habet*) transforma-se naquele em que a necessidade constitui, por assim dizer, o fundamento último e a própria fonte da lei. Isso é verdadeiro não só para os autores que se propunham a justificar desse modo os interesses nacionais de um Estado contra um outro (como na fórmula *Not kennt kein Gebot* usada pelo chanceler prussiano Bethmann-Hollweg e retomada no livro homônimo, de Josef Kohler [1915]), mas também para os juristas, de Jellinek a Duguit, que veem na necessidade o fundamento da validade dos decretos com força de lei emanados do executivo no estado de exceção.

É interessante analisar, nessa perspectiva, a posição radical de Santi Romano, um jurista que exerceu extraordinária influência sobre o pensamento jurídico europeu entre as duas guerras e que concebia a necessidade não só como não estranha ao ordenamento jurídico, mas também como fonte primária e originária da lei. Romano começa distinguindo entre os que veem na necessidade um fato jurídico ou mesmo um direito subjetivo do Estado que, enquanto tal, se funda, em última análise, na legislação vigente e nos princípios gerais do direito, e aqueles que pensam que a necessidade é um mero fato e que, portanto, os poderes excepcionais que nela se baseiam não têm nenhum fundamento no sistema legislativo. Segundo Romano, as duas posições – que coincidem quanto à identificação do direito com a lei – cometem um equívoco ao desconhecerem a existência de uma verdadeira fonte de direito além da legislação:

> A necessidade de que aqui nos ocupamos deve ser concebida como uma condição de coisas que, pelo menos como

regra geral e de modo conclusivo e eficaz, não pode ser disciplinada por normas anteriormente estabelecidas. Mas, se não há lei, a necessidade faz a lei, como diz uma outra expressão corrente; o que significa que ela mesma constitui uma verdadeira fonte de direito [...]. Pode-se dizer que a necessidade é a fonte primária e originária do direito, de modo que, em relação a ela, as outras fontes devem, de certa forma, ser consideradas derivadas [...]. É na necessidade que se deve buscar a origem e a legitimação do instituto jurídico por excelência, isto é, do Estado e, em geral, de seu ordenamento constitucional, quando é instaurado como um dispositivo de fato, por exemplo, quando de uma revolução. E aquilo que se verifica no momento inicial de um determinado regime pode também se repetir, ainda que de modo excepcional e com características mais atenuadas, mesmo depois desse regime ter formado e regulamentado suas instituições fundamentais. (Romano, 1909, p. 362)

O estado de exceção, enquanto figura da necessidade, apresenta-se pois – ao lado da revolução e da instauração de fato de um ordenamento constitucional – como uma medida "ilegal", mas perfeitamente "jurídica e constitucional", que se concretiza na criação de novas normas (ou de uma nova ordem jurídica):

A fórmula [...] segundo a qual o estado de sítio seria, no direito italiano, uma medida contrária à lei, portanto claramente ilegal, mas ao mesmo tempo conforme ao direito positivo não escrito, portanto jurídico e constitucional, parece ser a mais exata e conveniente. Que a necessidade possa prevalecer sobre a lei decorre de sua própria natureza e de seu caráter originário, tanto do ponto de vista lógico quanto do histórico. Certamente a lei se tornou, hoje, a manifestação mais geral e perfeita da norma jurídica, mas se exagera quando se quer estender seu domínio para além do campo que lhe é próprio. Existem normas que não podem ser escritas ou não é oportuno que sejam escritas; há outras normas que só podem ser determinadas quando ocorrem circunstâncias em que devem ser aplicadas. (ibidem, p. 364)

O gesto de Antígona, que opunha ao direito escrito os *agrapta nomina*, aparece aqui em sentido inverso e é invocado para defender a ordem constituída. Mas em 1944, quando seu país enfrentava uma guerra civil, o velho jurista (que já se ocupara da instauração de fato dos ordenamentos constitucionais) voltou a se colocar o problema da necessidade, dessa vez em relação à revolução. Se a revolução é, indiscutivelmente, um estado de fato que "não pode, em seu procedimento, ser regulamentado pelos poderes estatais que tende a subverter e a destruir" e, nesse sentido, é por definição "antijurídico, mesmo quando é justo" (Romano, 1983, p. 222), a revolução também não pode aparecer como antijurídica a não ser

> do ponto de vista do direito positivo do Estado ao qual se opõe, o que não impede, do ponto de vista bem distinto segundo o qual se define a si mesma, que seja um movimento ordenado e regulamentado por seu próprio direito. O que significa também que ela é um ordenamento que deve ser classificado na categoria dos ordenamentos jurídicos originários, no sentido agora bem conhecido que se atribui a essa expressão. Em tal sentido, e limitando-se à esfera evocada, pode-se falar, pois, de um direito da revolução. Um exame do desenvolvimento das revoluções mais importantes, inclusive as recentes e recentíssimas, seria de grande interesse para a demonstração da tese que expusemos e que, à primeira vista, pode parecer paradoxal: a revolução é violência, mas violência juridicamente organizada. (ibidem, p. 224)

O *status necessitas* apresenta-se, assim, tanto sob forma do estado de exceção quanto sob a forma da revolução, como uma zona ambígua e incerta onde procedimentos de fato, em si extra ou antijurídicos, transformam-se em direito e onde as normas jurídicas se indeterminam em mero fato; um limiar portanto, onde fato e direito parecem tornar-se indiscerníveis. Se é exato, como se disse, que, no estado de exceção, o fato se transforma em direito ("A urgência é um estado de fato, mas aqui se aplica bem o adágio *e facto oritur ius*" [Arangio-Ruiz, 1913; ed. 1972, p. 582]), o contrário é igualmente verdadeiro, ou seja, produz-se nele um movimento inverso, pelo qual o direito é suspenso e eliminado de fato. O essencial, em todo caso, é a produção de um patamar de indiscernibilidade em que *factum* e *ius* se atenuam um ao outro.

Donde as aporias de que nenhuma tentativa de definir a necessidade consegue chegar a algum resultado. Se a medida de necessidade já é norma jurídica e não simples fato, por que deve ela ser ratificada e aprovada por meio de uma lei, como Santi Romano (e a maioria dos autores com ele) considera indispensável? Se já era direito, por que se torna caduca se não for aprovada pelos órgãos legislativos? E se, ao contrário, não era direito mas simples fato, como é possível que os efeitos jurídicos da ratificação decorram não do momento da transformação em lei e, sim, *ex tunc*? (Duguit observa, com razão, que aqui a retroatividade é uma ficção e que a ratificação só pode produzir seus efeitos a partir do momento em que é efetivada [Duguit, 1930, p. 754]).

Mas a aporia máxima, contra a qual fracassa, em última instância, toda a teoria do estado de necessidade, diz respeito à própria natureza da necessidade, que os autores continuam, mais ou menos inconscientemente, a pensar como uma situação objetiva. Essa ingênua concepção, que pressupõe uma pura factualidade que ela mesma criticou, expõe-se imediatamente às críticas dos juristas que mostram como a necessidade, longe de apresentar-se como um dado objetivo, implica claramente um juízo subjetivo e que necessárias e excepcionais são, é evidente, apenas aquelas circunstâncias que são declaradas como tais.

O conceito de necessidade é totalmente subjetivo, relativo ao objetivo que se quer atingir. Será possível dizer que a necessidade impõe a promulgação de uma dada norma, porque, de outro modo, a ordem jurídica existente corre o risco de se desmoronar; mas é preciso, então, estar de acordo quanto ao fato de que a ordem existente deve ser conservada. Um movimento revolucionário poderá declarar a necessidade de uma nova norma, abolindo os institutos vigentes contrários às novas exigências; mas é preciso estar de acordo quanto ao fato de que a ordem existente deve ser derrubada, em conformidade com essas novas exigências. Num caso como no outro [...] o recurso à necessidade implica uma avaliação moral ou política (ou, de toda forma, extrajurídica) pela qual se julga a ordem jurídica e se considera que é digna de ser conservada e fortalecida, ainda que à custa de sua eventual violação. Portanto, o princípio da necessidade é sempre, em todos os casos, um princípio revolucionário. (Balladore--Pallieri, 1970, p. 168)

A tentativa de resolver o estado de exceção no estado de necessidade choca-se, assim, com tantas e mais graves aporias quanto o fenômeno que deveria explicar. Não só a necessidade se reduz, em última instância, a uma decisão, como também aquilo sobre o que ela decide é, na verdade, algo indecidível de fato e de direito.

א Muito provavelmente, Schmitt, que se refere várias vezes a Santi Romano em seus escritos, conhecia sua tentativa de fundar o estado de exceção na necessidade como fonte originária do direito. Sua teoria da soberania como decisão sobre a exceção atribui ao *Notstand* um lugar realmente fundamental, sem dúvida comparável ao que lhe reconhecia Romano ao fazer dele a figura originária da ordem jurídica. Por outro lado, divide com Romano a ideia de que o direito não se esgota na lei (não é por acaso que cita justamente Romano no contexto de sua crítica ao *Rechtsstaat* liberal); mas, enquanto o jurista italiano identifica sem diferenças Estado e direito e nega, portanto, qualquer relevância jurídica ao conceito de poder constituinte, Schmitt vê no estado de exceção precisamente o momento em que Estado e direito mostram sua irredutível diferença (no estado de exceção "o Estado continua a existir, enquanto o direito desaparece": Schmitt, 1922, p. 39) e pode, assim, fundar no *pouvoir constituant* a figura extrema do estado de exceção: a ditadura soberana.

1.11 Segundo alguns autores, no estado de necessidade "o juiz elabora um direito positivo de crise, assim como, em tempos normais, preenche as lacunas do direito" (Mathiot, 1956, p. 424). Desse modo, o problema do estado de exceção é relacionado a um problema particularmente interessante na teoria jurídica, o das lacunas no direito. Pelo menos a partir do art. 4 do Código Napoleão ("O juiz que se recusar a julgar, sob pretexto de silêncio, sentido obscuro ou insuficiência da lei, poderá ser perseguido como culpado de denegação de justiça"), na maior parte dos sistemas jurídicos modernos o juiz tem obrigação de pronunciar um julgamento, mesmo diante de uma lacuna na lei. Em analogia ao princípio de que a lei pode ter lacunas, mas o direito não as admite, o estado de necessidade é então interpretado como uma lacuna no direito público, a qual o poder executivo é obrigado a remediar. Um princípio que diz respeito ao poder judiciário estende-se, assim, ao poder executivo.

Mas, na verdade, em que consiste a lacuna em questão? Será ela, realmente, algo como uma lacuna em sentido próprio? Ela não se refere, aqui, a uma carência no texto legislativo que deve ser reparada pelo juiz; refere-se, antes, a uma *suspensão* do ordenamento vigente para garantir-lhe a existência. Longe de responder a uma lacuna normativa, o estado de exceção apresenta-se como a abertura de uma lacuna fictícia no ordenamento, com o objetivo de salvaguardar a existência da norma e sua aplicabilidade à situação normal. A lacuna não é interna à lei, mas diz respeito à sua relação com a realidade, à possibilidade mesma de sua aplicação. É como se o direito contivesse uma fratura essencial entre o estabelecimento da norma e sua aplicação e que, em caso extremo, só pudesse ser preenchida pelo estado de exceção, ou seja, criando-se uma área onde essa aplicação é suspensa, mas onde a lei, enquanto tal, permanece em vigor.

2
FORÇA DE ~~LEI~~

2.1 A tentativa mais rigorosa de construir uma teoria do estado de exceção é obra de Carl Schmitt, principalmente no livro sobre a ditadura e naquele, publicado um ano mais tarde, sobre a teologia política. Dado que esses dois livros, publicados no início da década de 1920, descrevem, com uma profecia por assim dizer interessada, um paradigma (uma "forma de governo" [Schmitt, 1921, p. 151]) que não só permaneceu atual, como atingiu, hoje, seu pleno desenvolvimento, é necessário expor aqui as teses fundamentais da doutrina schmittiana do estado de exceção.

Antes de tudo, algumas observações de ordem terminológica. No livro de 1921, o estado de exceção é apresentado através da figura da ditadura. Esta, que compreende em si o estado de sítio, é, porém, essencialmente "estado de exceção" e, à medida que se apresenta como uma "suspensão do direito", se reduz ao problema da definição de uma "exceção concreta [...], um problema que, até agora, não foi devidamente considerado pela doutrina geral do direito" (ibidem, p. XVII). Na ditadura, em cujo contexto se inscreve o estado de exceção, distinguem-se a "ditadura comissária", que visa a defender ou a restaurar a constituição vigente, e a "ditadura soberana", na qual, como figura da exceção, ela alcança, por assim dizer, sua massa crítica ou seu ponto de fusão. Na *Politische Theologie* (Schmitt, 1922), os termos "ditadura" e "estado de sítio" podem então desaparecer, sendo substituídos por estado de exceção (*Ausnahmezustand*), enquanto a ênfase se desloca, pelo menos aparentemente, da definição de exceção para a de soberania. A estratégia da doutrina schmittiana é, pois, uma estratégia em dois tempos, e será preciso compreender com clareza suas articulações e objetivos.

O *telos* da teoria é, nos dois livros, a inscrição do estado de exceção num contexto jurídico. Schmitt sabe perfeitamente que o estado de exceção, enquanto realiza "a suspensão de toda a ordem jurídica" (Schmitt, 1922, p. 18), parece "escapar a qualquer consideração de direito" (Schmitt, 1921, p. 137) e que, mesmo "em sua consistência factual e, portanto, em sua substância íntima, não pode aceder à forma do direito" (ibidem, p. 175). Entretanto, para ele é essencial que se garanta uma relação com a ordem jurídica: "A ditadura, seja ela comissária ou soberana, implica a referência a um contexto jurídico" (ibidem, p. 139); "O estado de exceção é sempre algo diferente da anarquia e do caos e, no sentido jurídico, nele ainda existe uma ordem, mesmo não sendo uma ordem jurídica" (Schmitt, 1922, p. 18 ss.).

O aporte específico da teoria schmittiana é exatamente o de tornar possível tal articulação entre o estado de exceção e a ordem jurídica. Trata-se de uma articulação paradoxal, pois o que deve ser inscrito no direito é algo essencialmente exterior a ele, isto é, nada menos que a suspensão da própria ordem jurídica (donde a formulação aporética: "Em sentido jurídico [...], ainda existe uma ordem, mesmo não sendo uma ordem jurídica").

O operador dessa inscrição de algo de fora no direito é, em *Die Diktatur*, a distinção entre normas do direito e normas de realização do direito (*Rechtsverwirklichung*) para a ditadura comissária, e a distinção entre poder constituinte e poder constituído para a ditadura soberana. Realmente, a ditadura comissária, à medida que "suspende de modo concreto a constituição para defender sua existência" (Schmitt, 1921, p. 136), tem, em última instância, a função de criar as condições que "permitam a aplicação do direito" (ibidem). Nela, a constituição pode ser suspensa quanto à sua aplicação, "sem, no entanto, deixar de permanecer em vigor, porque a suspensão significa unicamente uma exceção concreta" (ibidem, p. 137). No plano da teoria, a ditadura comissária se deixa, assim, subsumir integralmente pela distinção entre a norma e as regras técnico-práticas que presidem sua realização.

Diferente é a situação da ditadura soberana que não se limita a suspender uma constituição vigente "com base num direito nela contemplado e, por isso, ele mesmo constitucional", mas visa principalmente a criar um estado de coisas em que se torne possível impor uma nova constituição. O operador que permite ancorar o estado de exceção na ordem jurídica é, nesse caso, a distinção entre poder constituinte e poder constituído. O poder constituinte não é, entretanto, "uma pura e simples questão de força"; é, melhor dizendo,

> um poder que, embora não constituído em virtude de uma constituição, mantém com toda constituição vigente uma relação tal que ele aparece como poder fundador [...] uma relação tal que não pode ser negado nem mesmo se a constituição vigente o negar. (Ibidem)

Embora juridicamente "disforme" (*formlos*), ele representa "um mínimo de constituição" (ibidem, p. 145), inscrito em toda ação politicamente decisiva e está, portanto, em condições de garantir também para a ditadura soberana a relação entre estado de exceção e ordem jurídica.

Aqui aparece de modo claro porque Schmitt pode apresentar, no prefácio, a "distinção capital entre ditadura comissária e ditadura soberana" como o "resultado substancial do livro" que torna o conceito de ditadura "finalmente acessível ao tratamento da ciência do direito" (ibidem, p. XVIII). O que Schmitt tinha diante dos olhos era, com efeito, uma "confusão" e uma "combinação" entre as duas ditaduras que ele não se cansa de denunciar (ibidem, p. 215). Mas nem a teoria e a prática leninistas da ditadura do proletariado nem a progressiva exacerbação do uso do estado de exceção na República de Weimar eram figuras da velha ditadura comissária, e, sim, algo de novo e mais radical que ameaçava pôr em questão a própria consistência da ordem jurídico-política, cuja relação com o direito precisava, para ele, ser salva a qualquer preço.

Na *Politische Theologie*, ao contrário, o operador da inscrição do estado de exceção na ordem jurídica é a distinção entre dois elementos fundamentais do direito: a norma (*Norm*) e a decisão (*Entscheidung, Dezision*), distinção que já fora enunciada no livro de 1912, *Gesetz und Urteil*. Suspendendo a norma, o estado de exceção "revela (*offenbart*) em absoluta pureza um elemento formal especificamente jurídico: a decisão" (Schmitt, 1922, p. 19). Os dois elementos, norma e decisão, mostram assim sua autonomia.

> Como, no caso normal, o momento autônomo da decisão pode ser reduzido a um mínimo, assim também, no caso de exceção, a norma é anulada [*vernichtet*]. Contudo, o próprio caso de exceção continua sendo acessível ao conhecimento jurídico, porque os dois elementos, a norma e a decisão, permanecem no âmbito do jurídico [*im Rahmen des Juristischen*]. (Ibidem)

Compreende-se agora porque, na *Politische Theologie*, a teoria do estado de exceção pode ser apresentada como doutrina da soberania. O soberano, que pode decidir sobre o estado de exceção, garante sua ancoragem na ordem jurídica. Mas, enquanto a decisão diz respeito aqui à própria anulação da norma, enquanto, pois, o estado de exceção representa a inclusão e a captura de um espaço que não está fora nem dentro (o que corresponde à norma anulada e suspensa), "o soberano está fora [*steht ausserhalb*] da ordem jurídica normalmente válida e, entretanto, pertence [*gehört*] a ela, porque é responsável pela decisão quanto à possibilidade da suspensão *in totto* da constituição" (ibidem, p. 13).

Estar-fora e, ao mesmo tempo, pertencer: tal é a estrutura topológica do estado de exceção, e apenas porque o soberano que decide sobre a exceção é, na realidade, logicamente definido por ela em seu ser, é que ele pode também ser definido pelo oximoro *êxtase-pertencimento*.

א É à luz dessa complexa estratégia de inscrição do estado de exceção no direito que deve ser vista a relação entre *Die Diktatur* e *Politische Theologie*. De modo geral, juristas e filósofos da política voltaram sua atenção sobretudo para a teoria da soberania presente no livro de 1922, sem se dar conta de que ela adquire seu sentido próprio exclusivamente a partir da teoria do estado de exceção já elaborada em *Die Diktatur*. O lugar e o paradoxo do conceito schmittiano de soberania derivam, como vimos, do estado de exceção, e não o contrário. E certamente não foi por acaso que Schmitt definiu primeiro, no livro de 1921 e em artigos anteriores, a teoria e a prática do estado de exceção e que, apenas num segundo momento, definiu sua teoria da soberania na *Politische Theologie*. Esta representa, indubitavelmente, a tentativa de ancorar sem restrições o estado de exceção na ordem jurídica; mas tal tentativa não teria sido possível se o estado de exceção não tivesse sido articulado anteriormente na terminologia e na conceitualidade da ditadura e, por assim dizer, não tivesse sido "juridicizado" pela referência à magistratura romana e, depois, graças à distinção entre normas do direito e normas de realização.

2.2 A doutrina schmittiana do estado de exceção procede estabelecendo, no corpo do direito, uma série de cesuras e divisões cujos termos são irredutíveis um ao outro, mas que, pela sua articulação e oposição, permitem que a máquina do direito funcione.

Considere-se a oposição entre normas do direito e normas de realização do direito, entre a norma e sua aplicação concreta. A ditadura comissária mostra que o momento da aplicação é autônomo em relação à norma enquanto tal e que a norma "pode ser suspensa sem, no entanto, deixar de estar em vigor" (Schmitt, 1921, p. 137). Representa, pois, um estado da lei em que esta não se aplica, mas permanece em vigor. Em contrapartida, a ditadura soberana, em que a velha constituição não existe mais e a nova está presente sob a forma "mínima" do poder constituinte, representa um estado da lei em que esta se aplica, mas não está formalmente em vigor.

Considere-se, agora, a oposição entre a norma e a decisão. Schmitt mostra que elas são irredutíveis, no sentido que a decisão nunca pode ser deduzida da norma sem deixar resto (*restlos*) (Schmitt, 1922, p. 11). Na decisão sobre o estado de exceção, a norma é suspensa ou completamente anulada; mas o que está em questão nessa suspensão é, mais uma vez, a criação de uma situação que torne possível a aplicação da norma ("deve-se criar a situação em que possam valer [*gelten*] normas jurídicas" [ibidem, p. 19]). O estado de exceção separa, pois, a norma de sua aplicação para tornar possível a aplicação. Introduz no direito uma zona de anomia para tornar possível a normatização efetiva do real.

Podemos então definir o estado de exceção na doutrina schmittiana como o lugar em que a oposição entre a norma e a sua realização atinge a máxima intensidade. Tem-se aí um campo de tensões jurídicas em que o mínimo de vigência formal coincide com o máximo de aplicação real e vice-versa. Mas também nessa zona extrema, ou melhor, exatamente em virtude dela, os dois elementos do direito mostram sua íntima coesão.

א A analogia estrutural entre linguagem e direito é aqui esclarecedora. Assim como os elementos linguísticos existem na *língua* sem nenhuma denotação real, que só adquirem no discurso em ato, também no estado de exceção a norma vige sem nenhuma referência à realidade. Porém, assim como a atividade linguística concreta torna-se inteligível pela pressuposição de algo como uma língua, a norma pode referir-se à situação normal pela suspensão da aplicação no estado de exceção.

De modo geral, pode-se dizer que não só a língua e o direito, mas também todas as instituições sociais, se formaram por um processo de dessemantização e suspensão da prática concreta em sua referência imediata ao real. Do mesmo modo que a gramática, produzindo um falar sem denotação, isolou do discurso algo como uma língua, e o direito, suspendendo os usos e os hábitos concretos dos indivíduos, pôde isolar algo como uma norma, assim também, em todos os campos, o trabalho paciente da civilização procede separando a prática humana de seu exercício concreto e criando, dessa forma, o excedente de significação sobre a denotação que Lévi-Strauss foi o primeiro a reconhecer. O significante excedente – conceito-chave nas ciências humanas do século XX – corresponde, nesse sentido, ao estado de exceção em que a norma está em vigor sem ser aplicada.

2.3 Em 1989, Jacques Derrida fez, na Cardozo School of Law, em Nova York, uma conferência com o título *Force de loi: le fondement mystique de l'autorité*. A conferência, que era, na verdade, uma leitura do ensaio benjaminiano "Crítica da violência: crítica do poder", suscitou um amplo debate tanto entre os filósofos quanto entre os juristas; mas é um indício não só da consumada separação entre cultura filosófica e cultura jurídica, como também da decadência da segunda, o fato de ninguém ter tentado analisar a fórmula, aparentemente enigmática, que dava título ao texto.

O sintagma "força de lei" vincula-se a uma longa tradição no direito romano e no medieval, onde (pelo menos a partir da *Dig. De legibus I, 3: legis virtus haec est: imperare, vetare, permittere, punire*) tem o sentido geral de eficácia, de capacidade de obrigar. Mas é apenas na época moderna, no contexto da Revolução Francesa, que ele começa a indicar o valor supremo dos atos estatais expressos pelas assembleias representativas do povo. No art. 6 da Constituição de 1791, *force de loi* designa, assim, a intangibilidade da lei, inclusive em relação ao soberano, que não pode anulá-la nem modificá-la. Nesse sentido, a doutrina moderna distingue a *eficácia* da lei, que decorre de modo absoluto de todo ato legislativo válido e consiste na produção de efeitos jurídicos, e *força de lei* que, ao contrário, é um conceito relativo que expressa a posição da lei ou dos atos a ela assimilados em relação aos outros atos do ordenamento jurídico, dotados de força superior à lei (como é o caso da constituição) ou de força inferior a ela (os decretos e regulamentos promulgados pelo executivo) (Quadri, 1979, p. 10).

Entretanto, é determinante que, em sentido técnico, o sintagma "força de lei" se refira, tanto na doutrina moderna quanto na antiga, não à lei, mas àqueles decretos – que têm justamente, como se diz, força de lei – que o poder executivo pode, em alguns casos – particularmente, no estado de exceção – promulgar. O conceito "força de lei", enquanto termo técnico do direito, define, pois, uma separação entre a *vis obligandi* ou a aplicabilidade da norma e sua essência formal, pela qual decretos, disposições e medidas, que não são formalmente leis, adquirem, entretanto, sua "força". Assim, quando, em Roma, o príncipe começa a obter o poder de promulgar atos que tendem cada vez mais a valer como leis, a doutrina romana diz que esses atos têm "vigor de lei" (Ulp. D. I, 4, I: *quod principi placuit legis habet vigorem*; com expressões equivalentes, mas em que a distinção formal entre lei e constituição do príncipe é sublinhada, Gaio escreve: *legis vicem obtineat,* e Pomponio: *pro lege servatur).*

Em nosso estudo do estado de exceção, encontramos inúmeros exemplos da confusão entre atos do poder executivo e atos do poder legislativo; tal confusão define, como vimos, uma das características essenciais do estado de exceção. (O caso limite dessa confusão é o regime nazista em que, como Eichmann não cansava de repetir, "as palavras do Führer têm força de lei [*Gesetzeskraft*]"). Porém, do ponto de vista técnico, o aporte específico do estado de exceção não é tanto a confusão entre os poderes, sobre a qual já se insistiu bastante, quanto o isolamento da "força de lei" em relação à lei. Ele define um "estado da lei" em que, de um lado, a norma está em vigor, mas não se aplica (não tem "força") e em que, de outro lado, atos que não têm valor de lei adquirem sua "força". No caso extremo, pois, a "força de lei" flutua como um elemento indeterminado, que pode ser reivindicado tanto pela autoridade estatal (agindo como ditadura comissária) quanto por uma organização revolucionária (agindo como ditadura soberana). O estado de exceção é um espaço anômico onde o que está em jogo é uma força de lei sem lei (que deveria, portanto, ser escrita: força de ~~lei~~). Tal força de ~~lei~~, em que potência e ato estão separados de modo radical, é certamente algo como um elemento místico, ou melhor, uma *fictio* por meio da qual o direito busca se atribuir sua própria anomia. Como se pode pensar tal elemento "místico" e de que modo ele age no estado de exceção é o problema que se deve tentar esclarecer.

2.4 O conceito de aplicação é certamente uma das categorias mais problemáticas da teoria jurídica, e não apenas dela. A questão foi mal colocada devido à referência à doutrina kantiana do juízo enquanto faculdade de pensar o particular como contido no geral. A aplicação de uma norma seria, assim, um caso de juízo determinante, em que o geral (a regra) é dado e trata-se de lhe subsumir o caso particular (no juízo reflexivo, em contrapartida, o particular é dado e trata-se de encontrar a regra geral). Ainda que Kant estivesse, de fato, perfeitamente consciente do caráter aporético do problema e da dificuldade de decidir concretamente entre os dois tipos de juízo (sua doutrina do exemplo como caso de uma regra que não é possível enunciar é a prova disso), o equívoco, aqui, é que a relação entre caso e norma apresenta-se como uma operação meramente lógica.

Mais uma vez, a analogia com a linguagem é esclarecedora: na relação entre o geral e o particular (mais ainda no caso da aplicação de uma norma jurídica) não está em questão apenas uma subsunção lógica, mas antes de tudo a passagem de uma proposição geral dotada de um referente puramente virtual à referência concreta a um segmento de realidade (isto é, nada menos que o problema da relação atual entre linguagem e mundo). Essa passagem da *langue* à *parole*, ou do semiótico ao semântico, não é de modo algum uma operação lógica, mas implica sempre uma atividade prática, ou seja, a assunção da *langue* por parte de um ou de vários sujeitos falantes e a aplicação do dispositivo complexo que Benveniste definiu como função enunciativa e que, com frequência, os lógicos tendem a subestimar. No caso da norma jurídica, a referência ao caso concreto supõe um "processo" que envolve sempre uma pluralidade de sujeitos e culmina, em última instância, na emissão de uma sentença, ou seja, de um enunciado cuja referência operativa à realidade é garantida pelos poderes institucionais.

Uma colocação correta do problema da aplicação exige, portanto, que ela seja preliminarmente transferida do âmbito lógico para o âmbito da práxis. Como mostrou Gadamer (1960, p. 360, 395), não só toda interpretação linguística é sempre, na realidade, uma aplicação que exige uma operação eficaz (que a tradição da hermenêutica teológica resumiu na fórmula colocada em epígrafe por Johann A. Bengel em sua edição do Novo Testamento: *te totum applica ad textum, rem totam applica ad te*); mas, no caso do direito, é perfeitamente evidente – e Schmitt estava em situação privilegiada ao teorizar tal evidência – que a aplicação de uma norma não está de modo algum contida nela e nem pode ser dela deduzida, pois, de outro modo, não haveria necessidade de se criar o imponente edifício do direito processual. Como entre a linguagem e o mundo, também entre a norma e sua aplicação não há nenhuma relação interna que permita fazer decorrer diretamente uma da outra.

O estado de exceção é, nesse sentido, a abertura de um espaço em que aplicação e norma mostram sua separação e em que uma pura força de lei realiza (isto é, aplica desaplicando) uma norma cuja aplicação foi suspensa. Desse modo, a união impossível entre norma e realidade, e a consequente constituição do âmbito da norma, é operada sob a forma da exceção, isto é, pelo pressuposto de sua relação. Isso significa que, para aplicar uma norma, é necessário, em última análise, suspender sua aplicação, produzir uma exceção. Em todos os casos, o estado de exceção marca um patamar onde lógica e práxis se indeterminam e onde uma pura violência sem *logos* pretende realizar um enunciado sem nenhuma referência real.

3
IUSTITIUM

3.1 Há um instituto do direito romano que, de certa forma, pode ser considerado o arquétipo do moderno *Ausnahmezustand* e que, no entanto, e talvez justamente por isso, não parece ter recebido atenção suficiente por parte dos historiadores do direito e dos teóricos do direito público: o *iustitium*. Visto que permite observar o estado de exceção em sua forma paradigmática, nos serviremos dele aqui como um modelo em miniatura para tentar explicar as aporias que a teoria moderna do estado de exceção não consegue resolver.

Quando tinha notícia de alguma situação que punha em perigo a República, o Senado emitia um *senatus consultum ultimum* por meio do qual pedia aos cônsules (ou a seus substitutos em Roma, *interrex* ou pró-cônsules) e, em alguns casos, também aos pretores e aos tribunos da plebe e, no limite, a cada cidadão, que tomassem qualquer medida considerada necessária para a salvação do Estado (*rem publicam defendant, operamque dent ne quid respublica detrimenti capiat*). Esse senatus-consulto tinha por base um decreto que declarava o *tumultus* (isto é, a situação de emergência em Roma, provocada por uma guerra externa, uma insurreição ou uma guerra civil) e dava lugar, habitualmente, à proclamação de um *iustitium* (*iustitium edicere* ou *indicere*).

O termo *iustitium* – construído exatamente como *solstitium* – significa literalmente "interrupção, suspensão do direito": *quando ius stat* – explicam etimologicamente os gramáticos – *sicut solstitium dicitur* (*iustitium* se diz quando o direito para, como [o sol no] solstício); ou, no dizer de Aulo Gellio, *iuris quasi interstitio quædam et cessatio* (quase um intervalo e uma espécie de cessação do direito). Implicava, pois, uma suspensão não apenas da administração da justiça, mas do direito enquanto tal. É o sentido desse paradoxal instituto jurídico, que consiste unicamente na produção de um vazio jurídico, que se deve examinar aqui, tanto do ponto de vista da sistemática do direito público quanto do ponto de vista filosófico-político.

ℵ A definição do conceito de *tumultus* – particularmente em relação ao conceito de guerra (*bellum*) – deu lugar a discussões nem sempre pertinentes. A relação entre os dois conceitos já está presente nas fontes antigas como, por exemplo, na passagem das *Filippiche* (8, I) em que Cícero afirma que "pode existir uma guerra sem tumulto, mas não um tumulto sem uma guerra". Evidentemente, essa passagem não significa que o tumulto seja uma forma especial ou mais forte de guerra (*qualificiertes, gesteigertes bellum* [cf. Nissen, 1877, p. 78]); ao contrário, introduz entre os dois termos uma diferença irredutível no momento mesmo em que estabelece uma relação entre eles. Uma análise das passagens de Lívio [Tito Lívio] relativas ao *tumultus* mostra, na verdade, que a causa do tumulto pode ser (mas nem sempre é) uma guerra externa, mas que o termo designa tecnicamente o estado de desordem e de agitação (*tumultus* tem afinidade com *tumor*, que significa inchaço, fermentação) que resulta, em Roma, desse acontecimento (assim, a notícia de uma derrota na guerra contra os etruscos provoca em Roma um tumulto e *maiorem quam re terrorem* [Liv./ Tito Lívio 10, 4, 2]). Essa confusão entre causa e efeito é evidente na definição dos léxicos: *bellum aliquod subitum, quod ob periculi magnitudinem hostiumque vicinitatem magnam urbi trepidationem incutiebat* (Forcellini). O tumulto não é a "guerra repentina", mas a *magna trepidatio* que ela produz em Roma. Por isso, o mesmo termo pode designar, em outros casos, a desordem que se segue a uma insurreição interna ou a uma guerra civil. A única definição possível que permite compreender todos os casos atestados é a que vê no *tumultus* "a cesura através da qual, do ponto de vista do direito público, se realiza a possibilidade de medidas excepcionais" (Nissen, 1877, p. 76). A relação entre *bellum* e *tumultus* é a mesma que existe, de um lado, entre guerra e estado de sítio militar e, de outro, entre estado de exceção e estado de sítio político.

3.2 Não deve surpreender o fato de que a reconstrução de algo como uma teoria do estado de exceção na constituição romana sempre tenha criado dificuldades para os romanistas, pois, como vimos, de modo geral, ela está ausente no direito público.

A posição de Mommsen a esse respeito é significativa. Quando, em seu *Römisches Staatsrecht*, enfrenta o problema do *senatus consultum ultimum* e o do estado de necessidade que este pressupõe, não encontra nada melhor que recorrer à imagem do direito de legítima defesa (o termo alemão para a legítima defesa, *Notwehr*, lembra o termo para o estado de emergência, *Notstand*):

Como naqueles casos urgentes, em que falta a proteção da comunidade, todo cidadão adquire um direito de legítima defesa, assim também existe um direito de legítima defesa para o Estado e para cada cidadão enquanto tal, quando a comunidade está em perigo e a função do magistrado vem a faltar. Embora se situe, em certo sentido, fora do direito [*ausserhalb des Rechts*], é necessário, contudo, tornar compreensível a essência e a aplicação desse direito de legítima defesa [*Notwehrrecht*], pelo menos na medida em que é suscetível de uma exposição teórica. (Mommsen, 1969, vol. I, p. 687 ss.)

À afirmação do caráter extrajurídico do estado de exceção e à dúvida sobre a possibilidade mesma de sua apresentação teórica, correspondem, na análise, hesitações e incoerências que surpreendem numa mente como a de Mommsen, considerada habitualmente mais sistemática do que histórica. Primeiramente, ele não examina o *iustitium* – de cuja contiguidade com o senatus-consulto último está perfeitamente consciente – na seção dedicada ao estado de necessidade (ibidem, p. 687-97) e, sim, na que trata do direito de veto dos magistrados (ibidem, p. 259 ss.). Por outro lado, ainda que se dê conta de que o senatus-consulto último se refere essencialmente à guerra civil (é por meio dele que "é proclamada a guerra civil" [ibidem, p. 693]) e não ignore que a forma do recrutamento é diferente em cada caso (ibidem, p. 695), ele não parece distinguir entre *tumultus* e direito de guerra (*Kriegsrecht*). No último volume do *Staatsrecht*, define o senatus-consulto último como uma "quase ditadura", introduzida no sistema constitucional no tempo dos Gracos; e acrescenta que, "no último século da República, a prerrogativa do Senado de exercer sobre os cidadãos um direito de guerra nunca foi seriamente contestada" (ibidem, vol. 3, p. 1243). Mas a imagem de uma "quase ditadura", que será retomada por Plaumann, é enganosa, porque não só não se tem aqui nenhuma criação de uma nova magistratura, mas, ao contrário, todo cidadão parece investido de um *imperium* flutuante e anômalo que não se deixa definir nos termos do ordenamento normal.

Na definição desse estado de exceção, a perspicácia de Mommsen se manifesta precisamente no ponto em que aparecem seus limites. Observa que o poder de que se trata aqui excede absolutamente os direitos constitucionais dos magistrados e não pode ser examinado de um ponto de vista jurídico-formal. Escreve ele:

> Se mesmo a menção dos tribunos da plebe e dos governadores das províncias, que são desprovidos de *imperium* ou dele dispõem apenas nominalmente, impede de considerar esse apelo [o que está no senatus-consulto último] somente co-

mo uma convocação aos magistrados para que exerçam com firmeza seus direitos constitucionais, isso aparece de modo ainda mais evidente na circunstância em que, depois do senatus-consulto motivado pela ofensiva de Aníbal, todos os ex-ditadores, cônsules e censores retomaram o *imperium* e o conservaram até a retirada do inimigo. Como mostra a convocação também aos censores, não se trata de uma prorrogação excepcional do cargo anteriormente ocupado que, aliás, não poderia ter sido votado sob essa forma pelo Senado. Mais, esses senatus-consultos não podem ser considerados do ponto de vista jurídico-formal: é a necessidade que dá o direito, e o Senado, como autoridade suprema da comunidade, ao declarar o estado de exceção [*Notstand*], limita-se a aconselhar que se organizem da melhor maneira possível as defesas pessoais necessárias.

Mommsen lembra aqui o caso de um simples cidadão particular, Sipião Nasica, que, diante da recusa do cônsul de agir contra Tibério Gracco em execução de um senatus-consulto último, grita: *qui rem publicam salvam esse vult, me sequatur*!, antes de matar Tibério Graco.

O *imperium* desses *condottieri* do estado de exceção [*Notstandsfeldherren*] substitui o dos cônsules mais ou menos como o do pretor ou do pró-cônsul substitui o *imperium* consular [...]. O poder conferido aqui é o poder comum de um comandante e é indiferente que se exerça contra o inimigo que sitia Roma ou contra o cidadão que se rebela [...]. Além disso, essa autoridade de comando [*Commando*], qualquer que seja o modo como se manifesta, é ainda menos formalizada que o poder análogo no estado de necessidade [*Notstandscommando*] no âmbito militar e, como ele, desaparece por si mesmo quando o perigo se dissipa. (Mommsen, 1969, vol. I, p. 695 ss.)

Na descrição desse *Notstandscommando*, em que o *imperium* flutuante e "fora do direito" de que todo cidadão parece investido, Mommsen aproximou-se o máximo que conseguiu da formulação de uma teoria do estado de exceção sem, entretanto, chegar a ela.

3.3 Em 1877, Adolphe Nissen, professor na Universidade de Estrasburgo, publica a monografia *Das Iustitium. Eine Studie aus der römischen Rechtsgeschichte*. O livro, que se propõe a analisar um "instituto jurídico que até agora passou quase despercebido", é interessante por muitas razões. Nissen é o primeiro a ver de modo claro que a compreensão usual do termo *iustitium* como "férias judiciárias" (*Gerichtsferien*) é totalmente insuficiente e que, no sentido técnico, também deve ser distinguido do significado mais tardio de "luto público". Tomemos um caso exemplar de *iustitium* – aquele de que nos fala Cícero em Phil. 5, 12. Diante da ameaça de Antônio, que se dirige para Roma preparado para combater, Cícero fala ao Senado com estas palavras: *tumultum censeo decerni, iustitium indici, saga sumi dico oportere* (afirmo que é necessário declarar o estado de *tumultus*, proclamar o *iustitium* e estar pronto: *saga sumere* significa mais ou menos que os cidadãos devem tirar suas togas, vestir-se e estar preparados para combater). Nissen tem razão ao mostrar que traduzir aqui *iustitium* como "férias jurídicas" simplesmente não teria sentido; trata-se sobretudo, diante de uma situação de exceção, de pôr de lado as obrigações impostas pela lei à ação dos magistrados (em particular, a interdição determinada pela *Lex Sempronia* de condenar à morte um cidadão romano *iniussu populi*). *Stillstand des Rechts*, "interrupção e suspensão do direito", é a fórmula que, segundo Nissen, traduz literalmente e define o termo *iustitium*. O *iustitium* "suspende o direito e, a partir disso, todas as prescrições jurídicas são postas de lado. Nenhum cidadão romano, seja ele magistrado ou um simples particular, agora tem poderes ou deveres" (ibidem, p. 105). Quanto ao objetivo dessa neutralização do direito, Nissen não tem dúvidas:

Quando o direito não estava mais em condições de assumir sua tarefa suprema, a de garantir o bem comum, abandonava-se o direito por medidas adequadas à situação e, assim como, em caso de necessidade, os magistrados eram liberados das obrigações da lei por meio de um senatus-consulto, em caso extremo também o direito era posto de lado. Quando se tornava incômodo, em vez de ser transgredido, era afastado, suspenso por meio de um *iustitium*. (Ibidem, p. 99)

O *iustitium* responde, portanto, segundo Nissen, à mesma necessidade que Maquiavel exprimia sem restrições quando, no *Discorsi*, sugeria "romper" o ordenamento jurídico para salvá-lo ("Porque quando, numa república, falta semelhante meio, se as ordens forem cumpridas, ela vai necessariamente à ruína; ou, para não ir à ruína, é necessário rompê-las"[ibidem, p. 138]).

Na perspectiva do estado de necessidade (*Notfall*), Nissen pode, então, interpretar o *senatus consultum ultimum*, a declaração de *tumultus* e o *iustitium* como sistematicamente ligados. O *consultum* pressupõe o *tumultus* e o *tumultus* é a única causa do *iustitium*. Essas categorias não pertencem à esfera do direito penal, mas à do direito constitucional e designam "a cesura por meio da qual se decide constitucionalmente o caráter admissível de medidas excepcionais [*Ausnahmemassregeln*]" (Nissen, 1877, p. 76).

ℵ No sintagma *senatus consultum ultimum*, o termo que define sua especificidade em relação às outras *consulta* é, evidentemente, o adjetivo *ultimus* que parece não ter recebido a devida atenção dos estudiosos. Que ele assume aqui um valor técnico, fica demonstrado pelo fato de que se encontra repetido tanto para definir a situação que justifica o *consultum* (*senatus consultum ultimae necessitatis*) quanto a *vox ultima*, a convocação dirigida a todos os cidadãos para a salvação da república (*qui rempublicam salvare vult, me sequatur*).

Ultimus deriva do advérbio *uls*, que significa "além" (oposto a *cis*, aquém). O significado etimológico de *ultimus* é, pois, o que se encontra absolutamente além, o mais extremo. *Ultima necessitas* (*ne-cedo* significa, etimologicamente, "não posso recuar") designa uma zona além da qual não é possível refúgio nem salvação. Porém, se nos perguntarmos agora: "Em relação a que o *senatus consultum ultimum* se situa em tal dimensão de extremidade?", a única resposta possível é: em relação à ordem jurídica que, no *iustitium*, é de fato suspensa. *Senatus consultum ultimum* e *iustitium* marcam, nesse sentido, o limite da ordem constitucional romana.

ℵ A monografia de Middel (1887), publicada em latim (mas os autores modernos são citados em alemão), fica muito aquém de um aprofundamento teórico do problema. Embora veja com clareza, como Nissen, a estreita relação existente entre *tumultus* e *iustitium*, Middel enfatiza a contraposição formal entre o *tumultus*, que é decretado pelo Senado, e o *iustitium*, que deve ser declarado por um magistrado, e deduz disso que a tese de Nissen (o *iustitium* como suspensão integral do direito) era excessiva, porque o magistrado não podia libertar-se sozinho da obrigação das leis. Reabilitando desse modo a velha interpretação do *iustitium* como férias judiciárias, ele deixa escapar o sentido do instituto. Qualquer que fosse a instância tecnicamente habilitada para declará-lo, é certo que o *iustitium* era declarado sempre e somente *ex auctoritate patrum*, e o magistrado (ou o simples cidadão) agia, portanto, com base em um estado de perigo que autorizava a suspensão do direito.

3.4 Procuremos esclarecer as características do *iustitium* que resultam da monografia de Nissen e tentemos, ao mesmo tempo, desenvolver as análises em direção a uma teoria geral do estado de exceção.

Antes de tudo, o *iustitium*, enquanto efetua uma interrupção e uma suspensão de toda ordem jurídica, não pode ser interpretado segundo o paradigma da ditadura. Na constituição romana, o ditador era uma figura específica de magistrado escolhido pelos cônsules, cujo *imperium*, extremamente amplo, era conferido por uma *lex curiata* que definia seus objetivos. No *iustitium*, ao contrário (mesmo quando declarado por um ditador no cargo), não existe criação de nenhuma nova magistratura; o poder ilimitado de que gozam de fato *iusticio indicto* os magistrados existentes resulta não da atribuição de um *imperium* ditatorial, mas da suspensão das leis que tolhiam sua ação. Tanto Mommsen quanto Plaumann (1913) estão perfeitamente conscientes disso e, por esse motivo, falam não de ditadura, mas de "quase ditadura"; entretanto, o "quase" não só não elimina de modo algum o equívoco, como também contribui para orientar a interpretação do instituto segundo um paradigma claramente errôneo.

Isso vale na mesma medida para o estado de exceção moderno. O fato de haver confundido estado de exceção e ditadura é o limite que impediu Schmitt, em 1921, bem como Rossiter e Friedrich depois da Segunda Guerra Mundial, de resolverem as aporias do estado de exceção. Em ambos os casos, o erro era interessado, dado que, com certeza, era mais fácil justificar juridicamente o estado de exceção inscrevendo-o na tradição prestigiosa da ditadura romana do que restituindo-o ao seu autêntico, porém mais obscuro, paradigma genealógico no direito romano: o *iustitium*. Nessa perspectiva, o estado de exceção não se define, segundo o modelo ditatorial, como uma plenitude de poderes, um estado pleromatico do direito, mas, sim, como um estado kenomatico, um vazio e uma interrupção do direito.

ℵ No direito público moderno, costuma-se definir como ditadura os Estados totalitários nascidos da crise das democracias depois da Primeira Guerra Mundial. Desse modo, Hitler, Mussolini, Franco ou Stalin são, indistintamente, apresentados como ditadores. Mas nem Mussolini nem Hitler podem ser tecnicamente definidos como ditadores. Mussolini era o chefe do governo, legalmente investido no cargo pelo rei, assim como Hitler era o chanceler do Reich, nomeado pelo legítimo presidente do Reich. O que caracteriza tanto o regime fascista quanto o nazista é, como se sabe, o fato de terem deixado subsistir as constituições vigentes (a constituição Albertina e a constituição de Weimar, respectivamente), fazendo acompanhar – segundo um paradigma que foi sutilmente definido como "Estado dual" – a constituição legal de uma segunda estrutura, amiúde não formalizada juridicamente, que podia existir ao lado da outra graças ao estado de exceção. O termo "ditadura" é totalmente inadequado para explicar o ponto de vista jurídico de tais regimes, assim como, aliás, a estrita oposição democracia/ditadura é enganosa para uma análise dos paradigmas governamentais hoje dominantes.

א Schmitt, que não era um romanista, conhecia, entretanto, o *iustitium* como forma do estado de exceção ("o *martial law* pressupunha uma espécie de *iustitium*" [Schmitt, 1921, p. 183]), muito provavelmente através de Nissen (cujo nome é citado em seu livro sobre a ditadura, embora em relação a um outro texto). Partilhando a ideia de Nissen de que o estado de exceção representa "um vazio de direito" (Nissen fala de *vacuum* jurídico), Schmitt prefere falar, a respeito do *senatus consultum ultimum*, de "quase ditadura" (o que pressupõe o conhecimento, se não do estudo de Plaumann, de 1913, pelo menos o do *Staatsrecht* de Mommsen).

3.5 A singularidade desse espaço anômico que, inesperadamente, coincide com o da cidade é tal que desorienta não só os estudiosos modernos, mas também as próprias fontes antigas. Assim, descrevendo a situação criada pelo *iustitium*, Lívio [Tito Lívio] afirma que os cônsules, os mais altos magistrados romanos, estavam *in privato abditi*, reduzidos ao estado de simples cidadãos particulares (Lív., I, 9, 7); por outro lado Cícero, a respeito do gesto de Sipião Nasica, escreve que, apesar de ser um simples particular, ao matar Tibério Graco ele agiu "como se fosse um cônsul" (*privatus ut si consul esset*, Tusc., 4, 23, 51). O *iustitium* parece questionar a própria consistência do espaço público; porém, de modo inverso, a do espaço privado também é imediatamente neutralizada. Essa paradoxal coincidência do privado e do público, do *ius civile* e do *imperium* e, em último caso, do jurídico e do não jurídico, trai, na realidade, a dificuldade ou a impossibilidade de pensar um problema essencial: o da natureza dos atos cometidos durante o *iustitium*. O que é uma prática humana integralmente entregue a um vazio jurídico? É como se, diante da abertura de um espaço inteiramente anômico pela ação humana, tanto os antigos como os modernos recuassem horrorizados. Tanto Mommsen quanto Nissen (que, no entanto, afirma sem reservas o caráter de *tempus mortuum* jurídico do *iustitium*) deixam subsistir, o primeiro, um muito pouco identificado *Notstandscommando* e, o segundo, um "comando ilimitado" (*Befehl*, [Nissen, 1877, p. 105]), ao qual corresponde uma obediência igualmente ilimitada. Mas como pode sobreviver tal comando na ausência de qualquer prescrição e determinação jurídicas?

É nessa perspectiva que se deve considerar também a impossibilidade (comum às fontes antigas e às modernas) de definir com clareza as consequências jurídicas dos atos cometidos durante o *iustitium* com o objetivo de salvar a *res publica*. O problema era de especial relevância porque dizia respeito à possibilidade de punir com a morte um cidadão romano *indemnatus*. Cícero, a respeito do assassinato dos partidários de Caio Graco por parte de Opimio, já define como "um problema interminável" (*infinita quaestio*) a punibilidade do assassino de um cidadão romano que não tinha feito senão executar um *senatus consultum ultimum* (De Or., 2, 3, 134); Nissen, por sua vez, nega que o magistrado que tivesse agido em resposta a um senatus-consulto, bem como os cidadãos que o tivessem seguido, pudessem ser punidos quando terminado o *iustitium*; porém, é contestado pelo fato de que Opimio teve, apesar de tudo, que enfrentar um processo (mesmo que absolvido depois) e de que Cícero foi condenado ao exílio em consequência de sua sangrenta repressão à conjuração de Catilina.

Na realidade, toda a questão está mal colocada. Com efeito, a aporia só se esclarece quando se considera que, à medida que se produzem num vazio jurídico, os atos cometidos durante o *iustitium* são radicalmente subtraídos a toda determinação jurídica. Do ponto de vista do direito, é possível classificar as ações humanas em atos legislativos, executivos e transgressivos. Mas, evidentemente, o magistrado ou o simples particular que agem durante o *iustitium* não executam nem transgridem nenhuma lei e, sobretudo, também não criam direitos. Todos os estudiosos estão de acordo quanto ao fato de que o *senatus consultum ultimum* não tem nenhum conteúdo positivo: limita-se a exprimir uma opinião introduzida por uma fórmula extremamente vaga (*videant consules*...), que deixa o magistrado ou o simples cidadão inteiramente livre para agir como achar melhor e, em último caso, para não agir. Caso se quisesse, a qualquer preço, dar um nome a uma ação realizada em condições de anomia, seria possível dizer que aquele que age durante o *iustitium* não executa nem transgride, mas *inexecuta* o direito. Nesse sentido, suas ações são meros fatos cuja apreciação, uma vez caduco o *iustitium*, dependerá das circunstâncias; mas, durante o *iustitium*, não são absolutamente passíveis de decisão e a definição de sua natureza – executiva ou transgressiva e, no limite, humana, bestial ou divina – está fora do âmbito do direito.

3.6 Tentaremos enunciar, sob a forma de teses, os resultados de nossa pesquisa genealógica sobre o *iustitium*.

1) O estado de exceção não é uma ditadura (constitucional ou inconstitucional, comissária ou soberana), mas um espaço vazio de direito, uma zona de anomia em que todas as determinações jurídicas – e, antes de tudo, a própria distinção entre público e privado – estão desativadas. Portanto, são falsas todas aquelas doutrinas que tentam vincular diretamente o estado de exceção ao direito, o que se dá com a teoria da necessidade

como fonte jurídica originária, e com a que vê no estado de exceção o exercício de um direito do Estado à própria defesa ou a restauração de um originário estado pleromático do direito (os "plenos poderes"). Mas igualmente falaciosas são as doutrinas que, como a de Schmitt, tentam inscrever indiretamente o estado de exceção num contexto jurídico, baseando-o na divisão entre normas de direito e normas de realização do direito, entre poder constituinte e poder constituído, entre norma e decisão. O estado de necessidade não é um "estado do direito", mas um espaço sem direito (mesmo não sendo um estado de natureza, mas se apresenta como a anomia que resulta da suspensão do direito).

2) Esse espaço vazio de direito parece ser, sob alguns aspectos, tão essencial à ordem jurídica que esta deve buscar, por todos os meios, assegurar uma relação com ele, como se, para se fundar, ela devesse manter-se necessariamente em relação com uma anomia. Por um lado, o vazio jurídico de que se trata no estado de exceção parece absolutamente impensável pelo direito; por outro lado, esse impensável se reveste, para a ordem jurídica, de uma relevância estratégica decisiva e que, de modo algum, se pode deixar escapar.

3) O problema crucial ligado à suspensão do direito é o dos atos cometidos durante o *iustitium*, cuja natureza parece escapar a qualquer definição jurídica. À medida que não são transgressivos, nem executivos, nem legislativos, parecem situar-se, no que se refere ao direito, em um não lugar absoluto.

4) É a essa indefinibilidade e a esse não lugar que responde a ideia de uma força de lei. É como se a suspensão da lei liberasse uma força ou um elemento místico, uma espécie de mana jurídico (a expressão é usada por Wagenvoort para definir a *auctoritatis* romana [Wagenvoort, 1947, p. 106]), de que tanto o poder quanto seus adversários, tanto o poder constituído quanto o poder constituinte tentam apropriar-se.

A força de lei separada da lei, o *imperium* flutuante, a vigência sem aplicação e, de modo mais geral, a ideia de uma espécie de "grau zero" da lei, são algumas das tantas ficções por meio das quais o direito tenta incluir em si sua própria ausência e apropriar-se do estado de exceção ou, no mínimo, assegurar-se uma relação com ele. Que – a exemplo dos conceitos de mana ou de *sacer* na antropologia e na ciência das religiões, nos séculos XIX e XX – essas categorias sejam, na verdade, mitologemas científicos, não significa que não seja possível e útil analisar o papel que elas desempenham na longa batalha iniciada pelo direito a respeito da anomia. De fato, é possível que o que está em questão aqui não seja nada menos que a definição do que Schmitt chama de "político". A tarefa essencial de uma teoria não é apenas esclarecer a natureza jurídica ou não do estado de exceção, mas, principalmente, definir o sentido, o lugar e as formas de sua relação com o direito.

4
LUTA DE GIGANTES ACERCA DE UM VAZIO

4.1 Sob essa perspectiva leremos, agora, o debate entre Walter Benjamin e Carl Schmitt sobre o estado de exceção. O dossiê esotérico desse debate, que se desenvolveu com modalidades e intensidades diversas entre 1925 e 1956, não é muito extenso: a citação benjaminiana da *Politische Theologie* em *Origem do drama barroco alemão*; o *curriculum vitae* de 1928 e a carta de Benjamin a Schmitt, de dezembro de 1930, que demonstram um interesse e uma admiração pelo "teórico fascista do direito público" (Tiedemann, in Benjamin, *GS*, vol. I. 3, p. 886) que sempre pareceram escandalosos; as citações e as referências a Benjamin no livro de Schmitt *Hamlet ed Ecuba*, quando o filósofo judeu já estava morto há 16 anos. Esse dossiê foi ampliado posteriormente com a publicação, em 1988, das cartas de Schmitt a Viesel em 1973, em que Schmitt afirma que seu livro sobre Hobbes, publicado em 1938, havia sido concebido como uma "resposta a Benjamin [...] que passou despercebida" (Viesel, 1988, p. 14; cf. as observações de Bredekamp, 1998, p. 913).

Entretanto, o dossiê esotérico é mais extenso e ainda está por ser explorado em todas as suas implicações. Na verdade, tentaremos mostrar que, como primeiro documento, deve-se apontar no dossiê não a leitura benjaminiana da *Politische Theologie*, mas a leitura schmittiana do ensaio benjaminiano

"Crítica da violência: Crítica do poder" (1921). Esse ensaio foi publicado no nº 47 da *Archiv für Sozialwissenschaften und Sozialpolitik*, uma revista codirigida por Emil Lederer, então professor na Universidade de Heidelberg (e, mais tarde, na New School for Social Research de Nova York) e que fazia parte do círculo de amizades de Benjamin naquele período. Ora, entre 1924 e 1927, não só Schmitt publica em *Archiv* inúmeros ensaios e artigos (entre os quais a primeira versão de *Der Begriff des Politischen*), como também, conforme mostra um exame minucioso das notas de rodapé e das bibliografias de seus escritos, era, no final de 1915, era um leitor regular dessa revista (ele cita, entre outros, o número imediatamente anterior e o imediatamente posterior ao fascículo em que aparece o ensaio benjaminiano). Enquanto leitor assíduo e colaborador de *Archiv*, Schmitt dificilmente deixaria de notar um texto como "Crítica da violência" que abordava, como veremos, questões para ele essenciais. O interesse de Benjamin pela doutrina schmittiana da soberania sempre foi considerado escandaloso (certa vez, Taubes definiu a carta de 1930 a Schmitt como "uma bomba que podia detonar nosso modo de representar a história intelectual do período de Weimar" [Taubes, 1987, p. 27]); invertendo os termos do escândalo, tentaremos ler a teoria schmittiana da soberania como uma resposta à crítica benjaminiana da violência.

4.2 O objetivo do ensaio é garantir a possibilidade de uma violência (o termo alemão *Gewalt* significa também simplesmente "poder") absolutamente "fora" (*ausserhalb*) e "além" (*jenseits*) do direito e que, como tal, poderia quebrar a dialética entre violência que funda o direito e violência que o conserva (*rechtsetzende und rechtserhaltende Gewalt*). Benjamin chama essa outra figura da violência de "pura" (*reine Gewalt*) ou de "divina" e, na esfera humana, de "revolucionária". O que o direito não pode tolerar de modo algum, o que sente como uma ameaça contra a qual é impossível transigir, é a existência de uma violência fora do direito; não porque os fins de tal violência sejam incompatíveis com o direito, mas "pelo simples fato de sua existência fora do direito" (Benjamin, 1921, p. 183). A tarefa da crítica benjaminiana é provar a realidade (*Bestand*) de tal violência:

> Se à violência for garantida uma realidade também além do direito, como violência puramente imediata, ficará demonstrada igualmente a possibilidade da violência revolucionária, que é o nome a ser dado à suprema manifestação de violência pura por parte do homem. (Ibidem, p. 202)

O caráter próprio dessa violência é que ela não põe nem conserva o direito, mas o depõe (*Entsetzung des Rechts* [ibidem]) e inaugura, assim, uma nova época histórica.

No ensaio, Benjamin não nomeia o estado de exceção, embora use o termo *Ernstfall* que, em Schmitt, aparece como sinônimo de *Ausnahmezustand*. Porém, um outro termo técnico do léxico schmittiano está presente no texto: *Entscheidung*, decisão. O direito, escreve Benjamin, "reconhece a decisão espacial e temporalmente determinada como uma categoria metafísica" (ibidem, p. 189); mas, na realidade, a esse reconhecimento só corresponde

> a peculiar e desmoralizante experiência da indecidibilidade última de todos os problemas jurídicos [*die seltsame und zunächst entmutigende Erfahrung von der letztlichen unentscheidbarkeit aller Rechtsprobleme*]. (Ibidem, p. 196)

4.3 A doutrina da soberania que Schmitt desenvolve em sua obra *Politische Theologie* pode ser lida como uma resposta precisa ao ensaio benjaminiano. Enquanto a estratégia da "Crítica da violência" visava a assegurar a existência de uma violência pura e anômica, para Schmitt trata-se, ao contrário, de trazer tal violência para um contexto jurídico. O estado de exceção é o espaço em que ele procura capturar a ideia benjaminiana de uma violência pura e inscrever a anomia no corpo mesmo do *nomos*. Segundo Schmitt, não seria possível existir uma violência pura, isto é, absolutamente fora do direito, porque, no estado de exceção, ela está incluída no direito por sua própria exclusão. O estado de exceção é, pois, o dispositivo por meio do qual Schmitt responde à afirmação benjaminiana de uma ação humana inteiramente anômica.

A relação entre os dois textos é, porém, ainda mais estreita. Vimos como, na *Politische Theologie*, Schmitt abandonou a distinção entre poder constituinte e poder constituído, a qual, no livro de 1921, era a base da ditadura soberana, para substituí-la pelo conceito de decisão. A substituição só adquire seu sentido estratégico se for considerada como um contra-ataque à crítica benjaminiana. A distinção entre violência que funda o direito e violência que o conserva – que era o alvo de Benjamin – corresponde de fato, literalmente, à oposição schmittiana; e é para neutralizar a nova figura de uma violência pura, que escapa à dialética entre poder constituinte e poder constituído, que Schmitt elabora sua teoria da soberania. A violência soberana na *Politische Theologie* responde à violência pura do ensaio benjaminiano por meio da figura de um poder que não funda nem conserva o direito, mas o suspende. No mesmo sentido, é em resposta à ideia benjaminiana de uma indecidibilidade última de todos os problemas jurídicos que Schmitt afirma a soberania como lugar da decisão extrema. Que esse lugar não seja externo nem interno ao direito, que a soberania seja, desse ponto de vista, um *Grenzbegriff*, é a consequência necessária da tentativa schmittiana de neutralizar a violência pura e garantir a relação entre a anomia e o contexto jurídico. E assim como a violência pura, para Benjamin, não poderia ser reconhecida como tal através de uma decisão (*Entscheidung* [ibidem, p. 203]), também para Schmitt é impossível estabelecer, com absoluta clareza, os momentos em que se está diante de um caso de necessidade ou representar, do ponto de vista do conteúdo, o que pode acontecer se realmente se trata do caso de necessidade e de sua eliminação. (Schmitt, 1922, p. 12);

porém, por uma inversão estratégica, é justamente essa impossibilidade que funda a necessidade da decisão soberana.

4.4 Se forem aceitas essas premissas, então todo o hermético debate entre Benjamin e Schmitt ganha um novo significado. A descrição benjaminiana do soberano barroco no *Trauerspielbuch* pode ser lida como uma resposta à teoria schmittiana da soberania. Sam Weber observou com muita perspicácia como, no momento mesmo em que cita a definição schmittiana da soberania, Benjamin introduz-lhe uma "ligeira, mas decisiva modificação" (Weber, 1992, p. 152). A concepção barroca da soberania, escreve ele, "desenvolve-se a partir de uma discussão sobre o estado de exceção e atribui ao príncipe, como principal função, o cuidado de excluí-lo (*den auszuschliessen* [Benjamin, 1928, p. 245])". O emprego de "excluir" em substituição a "decidir" altera sub-repticiamente a definição schmittiana no gesto mesmo com que pretende evocá-la: o soberano não deve, decidindo sobre o estado de exceção, incluí-lo de modo algum na ordem jurídica; ao contrário, deve excluí-lo, deixá-lo fora dessa ordem.

O sentido dessa modificação substancial só se torna claro nas páginas seguintes, graças à elaboração de uma verdadeira teoria da "indecisão soberana"; mas exatamente aqui se faz mais estreito o entrecruzamento entre leitura e contraleitura. Se, para Schmitt, a decisão é o elo que une soberania e estado de exceção, Benjamin, de modo irônico, separa o poder soberano de seu exercício e mostra que o soberano barroco está, constitutivamente, na impossibilidade de decidir.

A antítese entre poder soberano [*Herrschermacht*] e a faculdade de exercê-lo [*Herrschvermögen*] deu ao drama barroco um caráter peculiar que, entretanto, apenas aparentemente é típico do gênero, e sua explicação não é possível senão com base na teoria da soberania. Trata-se da capacidade de decidir do tirano [*Entschlussfähigkeit*]. O príncipe, que detém poder de decidir sobre o estado de exceção, mostra, na primeira oportunidade, que a decisão para ele é quase impossível. (Ibidem, p. 250)

A cisão entre o poder soberano e seu exercício corresponde exatamente à cisão entre normas do direito e normas de realização do direito, a qual, no livro *Die Diktatur*, era a base da ditadura comissária. Ao contra-ataque com que Schmitt – ao responder, na obra *Politische Theologie*, à crítica benjaminiana da dialética entre poder constituinte e poder constituído – havia introduzido o conceito de decisão, Benjamin responde criticando a distinção schmittiana entre a norma e sua realização. O soberano, que, a cada vez, deveria decidir a respeito da exceção, é precisamente o lugar em que a fratura que divide o corpo do direito se torna irrecuperável: entre *Macht* e *Vermögen*, entre o poder e seu exercício, abre-se uma distância que nenhuma decisão é capaz de preencher.

Por isso, por meio de um novo deslocamento, o paradigma do estado de exceção não é mais, como na *Politische Theologie*, o milagre mas, sim, a catástrofe. "Como antítese ao ideal histórico da restauração, frente a ele [ao barroco] está a ideia de catástrofe. E sobre esta antítese se forja a teoria do estado de exceção" (ibidem, p. 246).

Uma infeliz correção no texto de *Gesammelte Schriften* impediu a avaliação de todas as implicações desse deslocamento. Onde o texto benjaminiano dizia: *Es gibt eine barocke Eschatologie*, "há uma escatologia barroca", os editores, com singular desprezo pela preocupação filológica, corrigiram para: *Es gibt keine...* "não há uma escatologia barroca" (ibidem). No entanto, a passagem subsequente é lógica e sintaticamente coerente com a lição original; "e exatamente por isso [há] um mecanismo que reúne e exalta toda criatura terrena antes de entregá-la a seu fim [*dem Ende*]". O barroco conhece um *eschaton*, um fim do tempo; mas, como Benjamin esclarece imediatamente, esse *eschaton* é vazio, não conhece redenção nem além e permanece imanente ao século:

> O além é vazio de tudo o que tem o menor sinal de um sopro de vida terrena, e o barroco lhe retira e se apropria de uma quantidade de coisas que escapavam tradicionalmente a toda figuração e, em seu apogeu, ele as exibe claramente para que o céu, uma vez abandonado, vazio de seu conteúdo, esteja um dia em condições de aniquilar a terra com catastrófica violência. (Ibidem)

É essa "escatologia branca" – que não leva a terra a um além redimido, mas a entrega a um céu absolutamente vazio – que configura o estado de exceção do barroco como catástrofe. E é ainda essa escatologia branca que quebra a correspondência entre soberania e transcendência, entre monarca e Deus que definia o teológico-político schmittiano. Enquanto neste último "o soberano [...] é identificado com Deus e ocupa no Estado exatamente a mesma posição que, no mundo, cabe ao deus do sistema cartesiano" (Schmitt, 1922, p. 260), em Benjamin, o soberano "fica fechado no âmbito da criação, é senhor das criaturas, mas permanece criatura" (Benjamin, 1928, p. 264).

Essa drástica redefinição da função soberana implica uma situação diferente do estado de exceção. Ele não aparece mais como o limiar que garante a articulação entre um dentro e um fora, entre a anomia e o contexto jurídico em virtude de uma lei que está em vigor em sua suspensão: ele é, antes, uma zona de absoluta indeterminação entre anomia e direito, em que a esfera da criação e a ordem jurídica são arrastadas em uma mesma catástrofe.

4.5 O documento decisivo no dossiê Benjamin-Schmitt é, certamente, a oitava tese sobre o conceito de história, escrita por Benjamin poucos meses antes de sua morte. "A tradição dos oprimidos" – leiamos aqui –

nos ensina que o 'estado de emergência' em que vivemos tornou-se a regra. Devemos chegar a um conceito de história que corresponda a esse fato. Teremos então à nossa frente, como nossa tarefa, a produção do estado de exceção efetivo [*wirklich*]; e isso fortalecerá nossa posição na luta contra o fascismo. (Benjamin, 1942, p. 697)

Que o estado de exceção se tenha tornado a regra não é uma simples radicalização daquilo que, em *Trauerspielbuch*, aparecia como sua indecidibilidade. É preciso não esquecer que Benjamin, assim como Schmitt, estavam diante de um Estado – o Reich nazista – em que o estado de exceção, proclamado em 1933, nunca foi revogado. Na perspectiva do jurista, a Alemanha encontrava-se, pois, tecnicamente em uma situação de ditadura soberana que deveria levar à abolição definitiva da Constituição de Weimar e à instauração de uma nova constituição, cujas características fundamentais Schmitt se esforça por definir numa série de artigos escritos entre 1933 e 1936. Mas o que Schmitt não podia aceitar de modo algum era que o estado de exceção se confundisse inteiramente com a regra. Em *Die Diktatur*, já afirmara que era impossível definir um conceito exato de ditadura quando se olha toda ordem legal "apenas como uma latente e intermitente ditadura" (Schmitt, 1921, p. XIV). Realmente, a *Politische Theologie* reconhecia sem restrições o primado da exceção à medida que torna possível a constituição da esfera da norma; mas se a regra, nesse sentido, "vive apenas da exceção" (Schmitt, 1922, p. 22), o que acontece quando exceção e regra se tornam indiscerníveis?

Do ponto de vista schmittiano, o funcionamento da ordem jurídica baseia-se, em última instância, em um dispositivo – o estado de exceção – que visa a tornar norma aplicável suspendendo, provisoriamente, sua eficácia. Quando a exceção se torna a regra, a máquina não pode mais funcionar. Nesse sentido, a indiscernibilidade entre norma e exceção, enunciada na oitava tese, deixa a teoria schmittiana em situação difícil. A decisão soberana não está mais em condições de realizar a tarefa que a *Politische Theologie* lhe confiava: a regra, que coincide agora com aquilo de que vive, se devora a si mesma. Mas essa confusão entre a exceção e a regra era exatamente o que Terceiro Reich havia realizado de modo concreto, e a obstinação com que Hitler se empenhou na organização de seu "Estado dual" sem promulgar uma nova constituição é a prova disso (nesse sentido, a tentativa de Schmitt de definir a nova relação material entre Führer e povo no Reich nazista estava condenada ao fracasso).

É nessa perspectiva que deve ser lida, na oitava tese, a distinção benjaminiana entre estado de exceção efetivo e estado de exceção *tout court*. Como vimos, a distinção já aparecia no estudo schmittiano sobre a ditadura. Schmitt tomara o termo emprestado do livro de Theodor Reinach *De l'état de siège*; mas enquanto Reinach, em referência ao decreto napoleônico de 24 de dezembro de 1811, opunha um *état de siège effectif* (ou militar) a um *état de siège fictif* (ou político), Schmitt, em sua crítica persistente do Estado de direito, chama de "fictício" um estado de exceção que se pretende regulamentar por lei, com o objetivo de garantir, em alguma medida, os direitos e as liberdades individuais. Consequentemente, ele denuncia com veemência a incapacidade dos juristas de Weimar de distinguirem entre a ação meramente factual do presidente do Reich, em virtude do art. 48, e um procedimento regulamentado por lei.

Benjamin reformula novamente a oposição para voltá-la contra Schmitt. Uma vez excluída qualquer possibilidade de um estado de exceção fictício, em que exceção e caso normal são distintos no tempo e no espaço, efetivo é agora o estado de exceção "em que vivemos" e que é absolutamente indiscernível da regra. Toda ficção de um elo entre violência e direito desapareceu aqui: na há senão uma zona de anomia em que age uma violência sem nenhuma roupagem jurídica. A tentativa do poder estatal de anexar-se à anomia por meio do estado de exceção é desmascarada por Benjamin por aquilo que ela é: uma *fictio iuris* por excelência que pretende manter o direito em sua própria suspensão como força de lei. Em seu lugar, aparecem agora guerra civil e violência revolucionária, isto é, uma ação humana que renunciou a qualquer relação com o direito.

4.6 O que está em jogo no debate entre Benjamin e Schmitt sobre o estado de exceção pode, agora, ser definido mais claramente. A discussão se dá numa mesma zona de anomia que, de um lado, deve ser mantida a todo custo em relação com o direito e, de outro, deve ser também implacavelmente libertada dessa relação. O que está em questão na zona de anomia é, pois, a relação entre violência e direito – em última análise, o estatuto da violência como código da ação humana. Ao gesto de Schmitt que, a cada vez, tenta reinscrever a violência no contexto jurídico, Benjamin responde procurando, a cada vez, assegurar a ela – como violência pura – uma existência fora do direito.

Por razões que devemos tentar esclarecer, essa luta pela anomia parece ser, para a política ocidental, tão decisiva quanto aquela *gigantomachia peri tes ousias*, aquela outra luta de gigantes acerca do ser, que define a metafísica ocidental. Ao ser puro, à pura existência enquanto aposta metafísica última, responde aqui a violência pura como objeto político extremo, como "coisa" da política; à estratégia onto-teo-lógica, destinada a capturar o ser puro nas malhas do *logos*, responde a estratégia da exceção, que deve assegurar a relação entre violência anômica e direito.

Tudo acontece como se o direito e o *logos* tivessem necessidade de uma zona anômica (ou alógica) de suspensão para poder fundar sua referência ao mundo da vida. O direito parece não poder existir senão através de uma captura da anomia, assim como a linguagem só pode existir através do aprisionamento do não linguístico. Em ambos os casos, o conflito parece incidir sobre um espaço vazio: anomia, *vacuum* jurídico de um lado e, de outro, ser puro, vazio de toda determinação e de todo predicado real. Para o direito, esse espaço vazio é o estado de exceção como dimensão constitutiva. A relação entre norma e realidade implica a suspensão da norma, assim como, na ontologia, a relação entre linguagem e mundo implica a suspensão da denotação sob a forma de uma *langue*. Mas o que é igualmente essencial para a ordem jurídica é que essa zona – onde se situa uma ação humana sem relação com a norma – coincide com uma figura extrema e espectral do direito, em que ele se divide em uma pura vigência sem aplicação (a forma de lei) e em uma aplicação sem vigência: a força de lei.

Se isso é verdade, a estrutura do estado de exceção é ainda mais complexa do que até agora havíamos entrevisto e a posição de cada uma das duas partes que lutam nele e por ele está ainda mais imbricada na posição da outra. E como, numa partida, a vitória de um dos dois jogadores não é, em relação ao jogo, algo como um estado originário a ser restaurado, mas é apenas a aposta, que não pré-existe ao jogo mas dele resulta, assim também a violência pura – que é o nome dado por Benjamin à ação humana que não funda nem conserva o direito – não é uma figura originária do agir humano que, em certo momento, é capturada e inscrita na ordem jurídica (do mesmo modo como não existe, para o falante, uma realidade pré-linguística que, num certo momento, cai na linguagem). Ela é apenas o que está em jogo no conflito sobre o estado de exceção, o que resulta dele e, somente desse modo, é pressuposto ao direito.

4.7 Muito mais importante é entender corretamente o significado da expressão *reine Gewalt*, violência pura, como termo técnico essencial do ensaio benjaminiano. O que significa aqui a palavra "pura"? Em janeiro de 1919, ou seja, um ano antes da redação de seu ensaio, Benjamin – numa carta a Ernst Schoen que retoma e desenvolve motivos já elaborados em um artigo sobre Stifer – define com cuidado o que entende por "pureza" (*Reinheit*):

É um erro pressupor, em algum lugar, uma pureza que consiste em si mesma e que deve ser preservada [...]. A pureza de um ser *nunca* é incondicionada e absoluta, é sempre subordinada a uma condição. Esta condição é diferente segundo o ser de cuja pureza se trata; mas *nunca* reside no próprio ser. Em outros termos, a pureza de todo ser (finito) não depende do próprio ser [...]. Para a natureza, a condição de sua pureza que se situa fora dela é a linguagem humana. (Benjamin, 1966, p. 205 ss.)

Essa concepção não substancial, mas relacional, da pureza é tão essencial para Benjamin que, no ensaio de 1931 sobre Kraus, ele pode ainda escrever que "na origem da criatura não está a pureza [*Reinheit*], mas a purificação [*Reinigung*]" (Benjamin, 1931, p. 365). Isso significa que a pureza em questão no ensaio de 1921 não é um caráter substancial pertencente à ação violenta em si mesma – que, em outros termos, a diferença entre violência pura e violência mítico-jurídica não reside na violência mesma e, sim, em sua relação com algo exterior. O que é essa condição exterior foi enunciado com ênfase no início do ensaio: "A tarefa de uma crítica da violência pode ser definida como a exposição de sua relação com o direito e com a justiça". Também o critério da "pureza" da violência residirá, pois, em sua relação com o direito (o tema da justiça no ensaio é tratado, na verdade, apenas em relação aos fins do direito).

A tese de Benjamin é que, enquanto a violência mítico--jurídica é sempre um meio relativo a um fim, a violência pura nunca é simplesmente um meio – legítimo ou ilegítimo – relativo a um fim (justo ou injusto). A crítica da violência não a avalia em relação aos fins que ela persegue como meio, mas busca seu critério "numa distinção na própria esfera dos meios, sem preocupação quanto aos fins que eles perseguem" (Benjamin, 1921, p. 179).

Aqui aparece o tema – que no texto brilha apenas um instante, suficiente, contudo, para iluminá-lo por inteiro – da violência como "meio puro", isto é, como figura de uma paradoxal "medialidade sem fins": isto é, um meio que, permanecendo como tal, é considerado independentemente dos fins que persegue. O problema não é, então, identificar fins justos, mas, sobretudo,

> caracterizar um outro tipo de violência que então, certamente, não poderia ser um meio legítimo ou ilegítimo para esses fins, mas não desempenharia de modo algum o papel de meio em relação a eles e manteria com eles outras relações [*nicht als Mittel zu Ihnen, vielmehr irgendwie anders sich verhalten würde*]. (Ibidem, p. 196)

Qual poderia ser esse outro modo da relação com um fim? Será conveniente referir ainda ao conceito de meio "puro" as considerações que acabamos de expor sobre o significado desse termo em Benjamin. O meio não deve sua pureza a alguma propriedade intrínseca específica que o diferenciaria dos meios jurídicos, mas à sua relação com estes. Como no ensaio sobre a língua, pura é a língua que não é um instrumento para a comunicação, mas que comunica imediatamente ela mesma, isto é, uma comunicabilidade pura e simples; assim também é pura a violência que não se encontra numa relação de meio quanto a um fim, mas se mantém em relação com sua própria medialidade. E como a língua pura não é uma outra língua, não ocupa um outro lugar que não o das línguas naturais comunicantes, mas se mostra nelas expondo-as enquanto tais, do mesmo modo a violência pura se revela somente como exposição e deposição da relação entre violência e direito. É o que Benjamin sugere logo depois, evocando o tema da violência que, na cólera, nunca é meio, mas apenas manifestação (*Manifestation*). Enquanto a violência como meio fundador do direito nunca depõe sua relação com ele e estabelece assim o direito como poder (*Macht*), que permanece "intimamente e necessariamente ligado a ela" (ibidem, p. 198), a violência pura expõe e corta o elo entre direito e violência e pode, assim, aparecer ao final não como violência que governa ou executa (*die schaltende*), mas como violência que simplesmente age e se manifesta (*die waltende*). E se, desse modo, a relação entre violência pura e violência jurídica, entre estado de exceção e violência revolucionária, se faz tão estreita que os dois jogadores que se defrontam no tabuleiro de xadrez da história parecem mexer o mesmo pião – sucessivamente força de lei ou meio puro – é decisivo, entretanto, que o critério de sua distinção se baseie, em todos os casos, na solução da relação entre violência e direito.

4.8 É nessa perspectiva que se deve ler tanto a afirmação, que aparece na carta de 11 de agosto de 1934 dirigida a Scholem, de que "uma escrita sem sua chave não é escrita, mas vida" (Benjamin, 1966, p. 618), quanto aquela, presente no ensaio sobre Kafka, segundo a qual "o direito não mais praticado e só estudado é a porta da justiça" (Benjamin, 1934, p. 437). A escrita (a Torah) sem sua chave é a cifra da lei no estado de exceção, que Scholem, sem sequer suspeitar de que divide essa tese com Schmitt, considera ser ainda uma lei que está em vigor mas não se aplica ou se aplica sem estar em vigor. Essa lei – ou melhor, essa força de lei – não é mais lei, segundo Benjamin, mas vida, vida que, no romance de Kafka, "é vivida no vilarejo aos pés da montanha onde se ergue o castelo" (ibidem). O gesto mais singular de Kafka não consiste em ter conservado, como pensa Scholem, uma lei que não tem mais significado, mas em ter mostrado que ela deixa de ser lei para confundir-se inteiramente com a vida.

Ao desmascaramento da violência mítico-jurídica operado pela violência pura corresponde, no ensaio sobre Kafka, como uma espécie de resíduo, a imagem enigmática de um direito que não é mais praticado mas apenas estudado. Ainda há, portanto, uma figura possível do direito depois da deposição de seu vínculo com a violência e o poder; porém, trata-se de um direito que não tem mais força nem aplicação, como aquele em cujo estudo mergulha o "novo advogado" folheando "os nossos velhos códigos"; ou como aquele que Foucault talvez tivesse em mente quando falava de um "novo direito", livre de toda disciplina e de toda relação com a soberania.

Qual pode ser o sentido de um direito que sobrevive assim à sua deposição? A dificuldade que Benjamin enfrenta aqui corresponde a um problema que pode ser formulado – e, efetivamente, foi formulado uma primeira vez no cristianismo primitivo e, uma segunda vez, na tradição marxiana – nos seguintes termos: que acontece com a lei após sua realização messiânica? (É a controvérsia que opõe Paulo aos judeus seus contemporâneos). E que acontece com o direito numa sociedade sem classes? (É exatamente o debate entre Vyšinskij e Pašukanis). É a essas questões que Benjamin pretende responder com sua leitura do "novo advogado". Não se trata, evidentemente, de uma fase de transição que nunca chega ao fim a que deveria levar, menos ainda de um processo de desconstrução infinita que, mantendo o direito numa vida espectral, não consegue dar conta dele. O importante aqui é que o direito – não mais praticado, mas estudado – não é a justiça, mas só a porta que leva a ela. O que abre uma passagem para a justiça não é a anulação, mas a desativação e a inatividade do direito – ou seja, um outro uso dele. Precisamente o que a força de lei – que mantém o direito em funcionamento além de sua suspensão formal – pretende impedir. Os personagens de Kafka – e é por essa razão que nos interessam – têm a ver com essa figura espectral do direito no estado de exceção e tentam, cada um segundo sua própria estratégia, "estudá-la" e desativá-la, "brincar" com ela.

Um dia, a humanidade brincará com o direito, como as crianças brincam com os objetos fora de uso, não para devolvê--los a seu uso canônico e, sim, para libertá-los definitivamente dele. O que se encontra depois do direito não é um valor de uso mais próprio e original e que precederia o direito, mas um novo uso, que só nasce depois dele. Também o uso, que se contaminou com o direito, deve ser libertado de seu próprio valor. Essa libertação é a tarefa do estudo, ou do jogo. E esse jogo estudioso é a passagem que permite ter acesso àquela justiça que um fragmento póstumo de Benjamin define como um estado do mundo em que este aparece como um bem absolutamente não passível de ser apropriado ou submetido à ordem jurídica (Benjamin, 1992, p. 41).

5
FESTA, LUTO, ANOMIA

5.1 Os romanistas e os historiadores do direito não conseguiram ainda encontrar uma explicação satisfatória para a singular evolução semântica que leva o termo *iustitium* – designação técnica para o estado de exceção – a adquirir o significado de luto público pela morte do soberano ou de um seu parente próximo. Realmente, com o fim da República, o *iustitium* como suspensão do direito para se enfrentar um tumulto desaparece e o novo significado substitui tão bem o velho que a própria lembrança desse austero instituto parece apagar-se. E é significativo que, após o debate suscitado pelas monografias de Nissen e Middel, os estudiosos modernos não tenham dado atenção ao problema do *iustitium* enquanto estado de exceção e se tenham concentrado unicamente no *iustitium* como luto público ("o debate [...] foi muito vivo, mas pouco tempo depois ninguém pensou mais nele" pôde escrever William Seston, evocando, ironicamente, o velho significado em seu estudo sobre o funeral de Germânico [Seston, 1962, ed. 1980, p. 155]). Mas como um termo do direito público, que designava a suspensão do direito numa situação da maior necessidade política, pôde assumir o significado mais anódino de cerimônia fúnebre por ocasião de um luto de família?

Em um amplo estudo publicado em 1980, Versnel procurou responder a essa questão invocando uma analogia entre a fenomenologia do luto – tal como testemunhada pelos mais diversos materiais antropológicos – e os períodos de crise política em que regras e instituições sociais parecem se dissolver rapidamente. Como os períodos de anomia e de crise, em que se assiste a um desmoronamento das estruturas sociais normais e a uma falência dos papéis e das funções que pode chegar à completa inversão dos costumes e dos comportamentos culturalmente condicionados, assim também os períodos de luto são, frequentemente, caracterizados por uma suspensão e uma alteração de todas as relações sociais.

> Quem define os períodos de crise [...] como uma substituição temporária da ordem pela desordem, da cultura pela natureza, do *cosmos* pelo *chaos*, da eunomia pela anomia, define implicitamente os períodos de luto e suas manifestações. (Versnel, 1980, p. 583)

Segundo Versnel, que retoma aqui as análises de sociólogos norte-americanos, como Berger e Luckman,

> todas as sociedades foram edificadas em face do *chaos*. A constante possibilidade do terror anômico é atualizada toda vez que as legitimações que cobrem a precariedade desabam ou são ameaçadas. (Ibidem)

Não só se explica aqui – por uma evidente petição de princípio – a evolução do *iustitium* do sentido de estado de exceção para o de luto político pela semelhança entre as manifestações do luto e as da anomia, mas se busca a razão última dessa semelhança na ideia de um "terror anômico" que caracterizaria as sociedades humanas em seu conjunto. Tal conceito – tão inadequado para explicar a especificidade do fenômeno quanto o *tremendum* e o *numinosum* da teologia de Marburg para levarem a uma correta compreensão do divino – remete, em última análise, às esferas mais obscuras da psicologia:

> Os efeitos do luto em seu conjunto (especialmente quando se trata de um chefe ou de um rei) e a fenomenologia das

festas cíclicas de transição [...] correspondem perfeitamente à definição da anomia [...]. Em toda parte, assistimos a uma inversão temporária do humano no não humano, do cultural no natural (visto como sua contrapartida negativa), do *cosmos* no *chaos* e da eunomia na anomia [...]. Os sentimentos de dor e de aflição e sua expressão individual e coletiva não são restritos a uma cultura particular ou a um determinado modelo cultural. Ao que parece, são traços intrínsecos à humanidade e à condição humana e que se expressam sobretudo nas situações marginais ou liminares. Portanto, eu tenderia a concordar com V. W. Turner que, falando de "acontecimentos não naturais, ou melhor, anticulturais ou antiestruturais", sugeriu que "é provável que Freud ou Jung, cada um a seu modo, tenham muito a dizer para uma compreensão desses aspectos não lógicos, não racionais (mas não irracionais) das situações liminares". (Ibidem, p. 605)

א Nessa neutralização da especificidade jurídica do *iustitium* por meio de sua acrítica redução psicologizante, Versnel foi precedido por Durkheim que, em sua monografia sobre *O suicídio* (Durkheim, 1897), havia introduzido o conceito de anomia nas ciências humanas. Definindo, paralelamente às outras formas de suicídio, a categoria de "suicídio anômico", Durkheim, estabelecera uma correlação entre a diminuição da ação reguladora da sociedade sobre os indivíduos e o aumento da taxa de suicídios. Isso equivalia a postular, como ele faz sem fornecer nenhuma explicação, uma necessidade dos seres humanos de serem regulados em suas atividades e em suas paixões:

> É característico do homem estar sujeito a um freio que não é físico, mas moral, isto é, social [...]. Entretanto, quando está conturbada, seja por uma crise dolorosa, seja por felizes mas repentinas transformações, a sociedade fica temporariamente incapaz de exercer essa ação. Daqui decorre a brusca ascensão da curva dos suicídios que havíamos apontado [...]. A anomia é, portanto, nas sociedades modernas, um fator regular e específico de suicídio. (Durkheim, 1897, p. 265-70)

Assim, não só a equação entre anomia e angústia é dada como um fato (ao passo que, como veremos, os materiais etnológicos e folclóricos parecem mostrar o contrário), mas a possibilidade de que a anomia tenha uma relação mais estreita e mais complexa com o direito e com a ordem social é neutralizada por antecipação.

5.2 Igualmente insuficientes são as conclusões do estudo publicado por Seston alguns anos depois. O autor parece dar-se conta do possível significado político do *iustitium*-luto público à medida que encena e dramatiza o funeral do príncipe como estado de exceção:

> Nos funerais imperiais, sobrevive a recordação de uma mobilização [...]. Enquadrando os ritos fúnebres em uma espécie de mobilização geral, suspendendo os negócios civis e a vida política normal, a proclamação do *iustitium* tendia a transformar a morte de um homem numa catástrofe nacional, num drama em que cada um, querendo ou não, era envolvido. (Seston, 1962, p. 171 ss.)

Essa intuição permanece, porém, sem sequência e o elo entre as duas formas do *iustitium* é justificado pressupondo-se, ainda uma vez, o que estava por explicar – isto é, por meio de um elemento de luto que estaria implícito desde o início no *iustitium* (ibidem, p. 156).

Cabe a Augusto Fraschetti, em sua monografia sobre Augusto, o mérito de haver evidenciado o significado político do luto público, mostrando que a ligação entre os dois aspectos do *iustitium* não está num pretenso caráter de luto da situação extrema ou da anomia, mas no tumulto que os funerais do soberano podem provocar. Fraschetti desvenda sua origem nas violentas desordens que haviam acompanhado os funerais de César, definidos significativamente como "funerais sediciosos" (Fraschetti, 1990, p. 57). Como, na época republicana, o *iustitium* era a resposta natural ao tumulto, por meio de semelhante estratégia, pela qual os lutos da *domus Augusta* são assimilados a catástrofes citadinas, explica-se a assimilação do *iustitium* a luto público [...]. Disso resulta que os *bona* e os *mala* de uma só família passam a pertencer à esfera da *res publica*. (Ibidem, p. 120)

Fraschetti pode mostrar como, de modo coerente com essa estratégia, a partir da morte de seu sobrinho Marcelo, cada abertura do mausoléu da família devia implicar para Augusto a proclamação de um *iustitium*.

Realmente, é possível ver no *iustitium*-luto público nada mais que a tentativa do príncipe de apropriar-se do estado de exceção, transformando-o num assunto de família. Mas a relação é muito mais íntima e complexa.

Tome-se, em Suetônio, a famosa descrição da morte de Augusto em Nola, no dia 19 de agosto de 14 d.C. O velho príncipe, cercado por amigos e cortesãos, manda trazerem-lhe um espelho e, depois de se fazer arrumar os cabelos e levantar as faces descaídas, parece unicamente preocupado em saber se havia interpretado bem o *mimus vitæ*, a farsa de sua vida. E, contudo, junto com essa insistente metáfora teatral, continua obstinadamente e de modo quase petulante a perguntar (*identidem exquirens*), com aquela que não é simplesmente uma metáfora política, *an iam de se tumultus foris fuisset*, se não haveria do lado de fora um tumulto que concernia a ele. A correspondência entre anomia e luto torna-se compreensível apenas à luz da correspondência entre morte do soberano e estado de exceção. O elo original entre *tumultus* e *iustitium* ainda está presente, mas o tumulto coincide agora com a morte do soberano, enquanto a suspensão do direito torna-se parte integrante da cerimônia fúnebre. É como se o soberano, que havia concentrado em sua "augusta" pessoa todos os poderes excepcionais, da *tribunicia potestas perpetua* ao *imperium proconsolare maius et infinitum* e que se torna, por assim dizer, um *iustitium* vivo, mostrasse, no instante da morte, seu íntimo caráter anômico e visse tumulto e anomia libertarem-se fora dele na cidade. Como Nissen havia intuído e expressado numa fórmula nítida (que talvez seja a fonte da tese benjaminiana de que o estado de exceção tornou-se a regra), "as medidas excepcionais desapareceram porque se tornaram a regra" (Nissen, 1877, p. 140). A novidade constitucional do principado pode ser vista, então, como uma incorporação direta do estado de exceção e da anomia diretamente na pessoa do soberano, que começa a libertar-se de toda subordinação ao direito para se afirmar como *legibus solutus*.

5.3 Essa natureza intimamente anômica da nova figura do poder supremo aparece de modo claro na teoria do soberano como "lei viva" (*nomos empsychos*), que é elaborada no meio neopitagórico durante os mesmos anos em que se afirma o principado. A fórmula *basileus nomos empsychos* é enunciada no tratado de Diotogene sobre a soberania, o qual foi parcialmente conservado por Stobeo e cuja relevância para a origem da teoria moderna da soberania não deve ser subestimada. A habitual miopia filológica impediu o editor moderno do tratado de perceber a evidente conexão lógica entre essa fórmula e o caráter anômico do soberano, embora tal conexão estivesse claramente afirmada no texto. A passagem em questão – em parte corrompida, mas perfeitamente coerente – articula-se em três pontos: 1) "O rei é o mais justo [*dikaiotatos*] e o mais justo é o mais legal [*nominotatos*]". 2) "Sem justiça, ninguém pode ser rei, mas a justiça é sem lei [*aneu nomou dikaiosyne*: a inserção da negação antes de *dikaiosyne*, sugerida por Delatte, filologicamente não procede]". 3) "O justo é legítimo e o soberano, que se tornou causa do justo, é uma lei viva" (Delatte L.,1942, p. 37).

Que o soberano seja uma lei viva só pode significar que ele não é obrigado por ela, que a vida da lei coincide nele com uma total anomia. Diotogene explica isso na sequência e com indiscutível clareza: "Dado que tem um poder irresponsável [*arkan anypeuthynon*] e que ele mesmo é uma lei viva, o rei se assemelha a um deus entre os homens" (ibidem, p. 39). Entretanto, exatamente enquanto se identifica com a lei, ele se mantém em relação com a lei e se põe mesmo como anômico fundamento da ordem jurídica. A identificação entre soberano e lei representa, pois, a primeira tentativa de afirmar a anomia do soberano e, ao mesmo tempo, seu vínculo essencial com a ordem jurídica. O *nomos empsychos* é a forma originária do nexo que o estado de exceção estabelece entre um fora e um dentro da lei e, nesse sentido, constitui o arquétipo da teoria moderna da soberania.

A correspondência entre *iustitium* e luto mostra aqui seu verdadeiro significado. Se o soberano é um *nomos* vivo, se, por isso, anomia e *nomos* coincidem inteiramente em sua pessoa, então a anarquia (que, à sua morte – quando, portanto, o nexo que a une à lei é cortado – ameaça libertar-se pela cidade) deve ser ritualizada e controlada, transformando o estado de exceção em luto público e o luto, em *iustitium*. À indiscernibilidade de *nomos* e anomia no corpo vivo do soberano corresponde a indiscernibilidade entre estado de exceção e luto público na cidade. Antes de assumir a forma moderna de uma decisão sobre a emergência, a relação entre soberania e estado de exceção apresenta-se sob a forma de uma identidade entre soberano e anomia. O soberano, enquanto uma lei viva, é intimamente *anomos*. Também aqui o estado de exceção é a vida – secreta e mais verdadeira – da lei.

א A tese de que "o soberano é uma lei viva" havia encontrado sua primeira formulação no tratado do Pseudoarchita *Sulla legge e la giustizia*, o qual foi conservado por Stobeo juntamente com o tratado de Diotogene sobre a soberania. Que a hipótese de Gruppe, segundo a qual esses tratados teriam sido compostos por um judeu alexandrino no primeiro século de nossa era, seja correta ou não, é certo que estamos diante de um conjunto de textos que, sob a aparência de categorias platônicas e pitagóricas, tentam fundar uma concepção da soberania totalmente livre das leis e, contudo, ela mesma fonte de legitimidade. No texto do Pseudoarchita, isso se expressa na distinção entre o soberano (*basileus*), que é a lei, e o magistrado (*archon*), que se limita a respeitá-la. A identificação entre lei e soberano tem por consequência a cisão da lei em uma lei "viva" (*nomos empsychos*), hierarquicamente superior, e uma lei escrita (*gramma*), a ela subordinada:

> Digo que toda comunidade é composta por um *archon* (o magistrado que comanda), por um comandado e, como terceiro, pelas leis. Destas, a viva é o soberano (*ho men empsychos ho basileus*), a inanimada é a letra (*gramma*). A lei sendo o elemento primeiro, o rei é legal, o magistrado é conforme (à lei), o comandado é livre e toda a cidade é feliz; mas, quando ocorre um desvio, o soberano é tirano, o magistrado não é conforme à lei e a comunidade é infeliz. (Delatte A., 1922, p. 84)

Por meio de uma complexa estratégia, que não é destituída de analogia com a crítica paulina do *nomos* judeu (a proximidade, às vezes, é até textual: Romanos 3, 21 *choris nomou dikaiosyne*; Diotogene: *aneu nomou dikaiosyne*; e, no Pseudoarchita, a lei é definida como "letra" – *gramma* – exatamente como em Paulo), elementos anômicos são introduzidos na *polis* pela pessoa do soberano, sem, aparentemente, arranhar o primado do *nomos* (o soberano é, de fato, "lei viva").

5.4 A secreta solidariedade entre a anomia e o direito manifesta-se num outro fenômeno, que representa uma figura simétrica e, de certa forma, invertida em relação ao *iustitium* imperial. Há muito tempo, folcloristas e antropólogos estão familiarizados com aquelas festas periódicas – como as Antestérias e as Saturnais do mundo clássico e o *charivari* e o carnaval do mundo medieval e moderno – caracterizadas por permissividade desenfreada e pela suspensão e quebra das hierarquias jurídicas e sociais. Durante essas festas, que são encontradas com características semelhantes em épocas e culturas distintas, os homens se fantasiam e se comportam como animais, os senhores servem os escravos, homens e mulheres trocam seus papéis e comportamentos delituosos são considerados lícitos ou, em todo caso, não passíveis de punição. Elas inauguram, portanto, um período de anomia que interrompe e, temporariamente, subverte, a ordem social. Desde sempre, os estudiosos tiveram dificuldade para explicar essas repentinas explosões anômicas no interior de sociedades bem ordenadas e, principalmente, a tolerância das autoridades religiosas e civis em relação a elas.

Contra a interpretação que as reduzia aos ciclos agrários do calendário solar (Mannhardt, Frazer), ou a uma função periódica de purificação (Westermarck), Karl Meuli, ao contrário e com uma intuição genial, relacionou as festas anômicas com o estado de suspensão da lei que caracteriza alguns institutos jurídicos arcaicos, como a *Friedlosigkeit* alemã ou a perseguição do *vargus* no antigo direito inglês. Em uma série de artigos exemplares, mostrou como as desordens e as violências minuciosamente elencadas nas descrições medievais do *charivari* e de outros fenômenos anômicos reproduzem pontualmente as diversas fases em que se articulava o cruel ritual com que se expulsavam o *Friedlos* e o bandido da comunidade, suas casas destelhadas antes de serem destruídas e seus poços envenenados ou tornados salobros. As arlequinadas descritas no inaudito *chalivali* no *Roman de Fauvel* (*Li un montrent son cul au vent, / Li autre rompet un auvent, / L'un cassoit fenestres et huis, / L'autre getoit le sel ou puis, / L'un geroit le brun aus visages; / trop estoient lès et sauvages*) deixam de aparecer como partes de um inocente pandemônio e encontram, uma após outra, seu correspondente e seu contexto próprio na *Lex Baiuvariorum* ou nos estatutos penais das cidades medievais. O mesmo pode ser dito sobre os aborrecimentos cometidos nas festas de máscaras e nas coletas infantis nas quais, a quem se furtava à obrigação de doar, as crianças puniam com violências de que Halloween guarda apenas a lembrança.

Charivari é uma das múltiplas designações, diferentes conforme os lugares e os países, para um antigo e amplamente difundido ato de justiça popular, que se desenrola de formas semelhantes, senão iguais. Tais formas, com seus castigos rituais, sobrevivem também nas festas cíclicas de máscaras e em seus últimos prolongamentos que são as coletas tradicionais das crianças. É perfeitamente possível, então, servir-se delas para a interpretação dos fenômenos do tipo do *charivari*. Uma análise mais atenta mostra que aquilo que, à primeira vista, era tomado como aborrecimentos grosseiros e barulhentos são, na realidade, costumes tradicionais e formas jurídicas bem definidas, por meio dos quais, há tempos imemoráveis, executavam-se o banimento e a proscrição. (Meuli, 1975, p. 473)

Se a hipótese de Meuli é correta, a "anarquia legal" das festas anômicas não remete aos antigos ritos agrários que, em si, nada explicam, mas evidencia, sob a forma de paródia, a anomia interna ao direito, o estado de emergência como pulsão anômica contida no próprio coração do *nomos*.

As festas anômicas indicam, pois, uma zona em que a máxima submissão da vida ao direito se inverte em liberdade e licença e em que a anomia mais desenfreada mostra sua paródica conexão com o *nomos*: em outros termos, elas indicam o estado de exceção efetivo como limiar da indistinção entre anomia e direito. Na evidenciação do caráter de luto de toda festa e do caráter de festa de todo luto, direito e anomia mostram sua distância e, ao mesmo tempo, sua secreta solidariedade. É como se o universo do direito – e, de modo mais geral, a esfera da ação humana enquanto tem a ver com o direito – se apresentasse, em última instância, como um campo de forças percorrido por duas tensões conjugadas e opostas: uma que vai da norma à anomia e a outra que, da anomia, leva à lei e à regra. Daqui resulta um duplo paradigma que marca o campo do direito com uma ambiguidade essencial: de um lado, uma tendência normativa em sentido estrito, que visa a cristalizar-se num sistema rígido de normas cuja conexão com a vida é, porém, problemática, senão impossível (o estado perfeito de direito, em que tudo é regulado por normas); de outro lado, uma tendência anômica que desemboca no estado de exceção ou na ideia do soberano como lei viva, em que uma força de lei privada de norma age como pura inclusão da vida.

As festas anômicas dramatizam essa irredutível ambiguidade dos sistemas jurídicos e, ao mesmo tempo, mostram que o que está em jogo na dialética entre essas duas forças é a própria relação entre o direito e a vida. Celebram e reproduzem, sob a forma de paródia, a anomia em que a lei se aplica ao caos e à vida sob a única condição de tornar-se ela mesma, no estado de exceção, vida e caos vivo. Chegou o momento, sem dúvida, de tentar compreender melhor a ficção constitutiva que, ligando norma e anomia, lei e estado de exceção, garante também a relação entre o direito e a vida.

6
AUCTORITAS E *POTESTAS*

6.1 Em nossa análise do estado de exceção em Roma, deixamos de nos perguntar o que era o fundamento do poder do Senado de suspender o direito através do *senatus consultum ultimum* e a consequente proclamação do *iustitium*. Qualquer que fosse o sujeito habilitado a declarar o *iustitium*, é certo que, cada caso, era declarado *ex auctoritate patrum*. Sabe-se que o termo que, em Roma, designava a prerrogativa essencial do Senado não era, de fato, nem *imperium*, nem *potestas*, mas *auctoritas*: *auctoritas patrum* é o sintagma que define a função específica do Senado na constituição romana.

Com a categoria *auctoritas* – especialmente em sua contraposição a *potestas* – encontramo-nos diante de um fenômeno cuja definição, tanto na história do direito quanto, de modo mais geral, na filosofia e na teoria política, parece esbarrar com obstáculos e aporias quase insuperáveis. "É particularmente difícil", escrevia, no início da década de 50, um historiador francês do direito romano, "trazer os vários aspectos jurídicos da noção de *auctoritas* a um conceito unitário" (Magdelain, 1990, p. 685), e, no final do mesmo decênio, Hannah Arendt podia começar seu ensaio "Que é autoridade?" observando que a autoridade havia a tal ponto "desaparecido do mundo moderno" que, na ausência de uma "autêntica e indiscutível" experiência da coisa, "o próprio termo ficou completamente obscurecido por controvérsias e confusões" (Arendt, 1961, p. 91). Talvez não haja melhor confirmação dessas confusões – e das ambiguidades que acarretam – do que o fato de Arendt ter empreendido sua reavaliação da autoridade somente alguns anos depois de Adorno e Else Frenkel-Bruswick terem efetuado seu ataque frontal "à personalidade autoritária". Por outro lado, denunciando de modo enfático "a identificação liberal de autoridade e tirania" (ibidem, p. 97), Arendt provavelmente não se dava conta de que partilhava tal denúncia com um autor que, na realidade, lhe era antipático.

Em 1931, num opúsculo com o significativo título *Der Hüter der Verfassung* (O guardião da constituição), Carl Schmitt tentara, com efeito, definir o poder neutro do presidente do Reich no estado de exceção contrapondo, dialeticamente, *auctoritas* e *potestas*. Em termos que antecipam os argumentos de Arendt e depois de haver lembrado que Bodin e Hobbes estavam ainda em condições de apreciar o significado dessa distinção, ele lamentava, porém, "a falta de tradição da moderna teoria do Estado que opõe autoridade e liberdade, autoridade e democracia até confundir a autoridade com a ditadura" (Schmitt, 1931, p. 137). Já em 1928, em seu tratado de direito constitucional, mesmo sem definir a oposição, Schmitt evocava sua "grande importância na doutrina geral do Estado" e remetia para sua determinação ao direito romano ("o Senado tinha a *auctoritas*, mas é do povo que dependiam *potestas* e *imperium*" [Schmitt, 1928, p. 109]).

Em 1968, num estudo sobre a ideia de autoridade, publicado em uma *Festgabe* pelos oitenta anos de Schmitt, um estudioso espanhol, Jesus Fueyo, observava que a confusão moderna entre *auctoritas* e *potestas* – "dois conceitos que exprimem o sentido original pelo qual o povo romano havia concebido sua vida comunitária" (Fueyo, 1968, p. 212) – e sua convergência no conceito de soberania "foram a causa da inconsistência filosófica da teoria moderna do Estado"; e acrescentava, em seguida, que essa confusão "não é apenas acadêmica, mas está inscrita no processo real que levou à formação da ordem política moderna" (ibidem, p. 213). É o sentido dessa "confusão" inscrita na reflexão e na práxis política do Ocidente que devemos, agora, procurar compreender.

ℵ Que o conceito de *auctoritas* seja especificamente romano é opinião geral, assim como se tornou um estereótipo a referência a Dione Cassio para provar a impossibilidade de traduzir esse termo para o grego. Mas Dione Cassio, que conhecia muito bem o direito romano, não diz, como se costuma repetir, que o termo é impossível de traduzir; ao contrário, diz que o termo não pode ser traduzido *kathapax*: "de uma forma única e definitiva" (*hellenisai auto kathapax adynaton esti* [Dio. Cass. 55, 3]). Isso implica, portanto, que o termo terá, em grego, equivalentes distintos segundo os contextos, o que é evidente dada a amplitude do conceito. Dione não tem em mente, pois, algo como uma especificidade romana do termo, mas, sim, a dificuldade de levá-lo a um significado único.

6.2 A definição do problema torna-se complicada pelo fato de que o conceito de *auctoritas* refere-se a uma fenomenologia jurídica relativamente ampla, que diz respeito tanto ao direito privado quanto ao direito público. Será conveniente iniciar nossa análise pelo primeiro para verificar, depois, se é possível levar os dois aspectos à unidade.

No âmbito privado, a *auctoritas* é a propriedade do *auctor*, isto é, da pessoa *sui iuris* (o *pater famílias*) que intervém – pronunciando a fórmula técnica *auctor fio* – para conferir validade jurídica ao ato de um sujeito que, sozinho, não pode realizar um ato jurídico válido. Assim, a *auctoritas* do tutor torna válido o ato do incapaz e a *auctoritas* do pai "autoriza", isto é, torna válido o matrimônio do filho *in potestate*. De modo análogo, o vendedor (em uma *mancipatio*) é obrigado a assistir o comprador para validar seu título de propriedade durante um processo de reivindicação que o oponha a um terceiro.

O termo deriva do verbo *augeo*: *auctor* é *is qui auget*, aquele que aumenta, acresce ou aperfeiçoa o ato – ou a situação jurídica – de um outro. Em seu *Vocabulário*, na seção dedicada ao direito, Benveniste tentou mostrar que o significado original do verbo *augeo* – que, na área indo-europeia, é aparentado pelo sentido a termos que exprimem força – não é simplesmente "aumentar algo que já existe", mas "o ato de produzir alguma coisa a partir do próprio seio, fazer existir" (Benveniste, 1969, vol. 2, p. 148). Na verdade, no direito clássico, os dois significados não são absolutamente contraditórios. O mundo greco-romano, realmente, não conhece a criação *ex nihilo*, mas todo ato de criação implica sempre alguma outra coisa, matéria informe ou ser incompleto, que se trata de aperfeiçoar e fazer crescer. Toda criação é sempre co-criação, como todo autor é sempre coautor. Como bem escreveu Magdelain, "a *auctoritas* não basta a si mesma: seja porque autoriza, seja porque ratifica, supõe uma atividade alheia que ela valida" (Magdelain, 1990, p. 685). Tudo se passa, então, como se, para uma coisa poder existir no direito, fosse necessária uma relação entre dois elementos (ou dois sujeitos): aquele que é munido de *auctoritas* e aquele que toma a iniciativa do ato em sentido estrito. Se os dois elementos ou os dois sujeitos coincidirem, então o ato será perfeito. Se, ao contrário, houver entre eles uma distância ou uma ruptura, será necessário introduzir a *auctoritas* para que o ato seja válido. Porém, de onde vem a "força" do *auctor*? E o que é esse poder de *augere*?

Já se observou, de forma oportuna, que a *auctoritas* nada tem a ver com a representação pela qual os atos realizados pelo mandatário ou por um representante legal são imputados ao mandante. O ato do *auctor* não se baseia em algo como um poder jurídico de representação de que está investido (em relação ao menor ou ao incapaz): ele deriva diretamente de sua condição de *pater*. Do mesmo modo, o ato do vendedor que intervém como *auctor* para defender o comprador não tem nada a ver com um direito de garantia no sentido moderno. Pierre Noailles que, nos últimos anos de sua vida, tentara delinear uma teoria unitária da *auctoritas* no direito privado, pôde então escrever que ela é

> um atributo inerente à pessoa e originariamente à pessoa física [...], o privilégio que pertence a um romano, nas condições exigidas, de servir como fundamento à situação jurídica criada por outros. (Noailles, 1948, p. 274)

"Como todos os poderes do direito arcaico" – acrescentava – "fossem eles familiares, privados ou públicos, também a *auctoritas* era concebida segundo o modelo unilateral do direito puro e simples, sem obrigação nem sanção" (ibidem). Entretanto, basta refletir sobre a fórmula *auctor fio* (e não simplesmente *auctor sum*) para perceber que ela parece implicar não tanto o exercício voluntário de um direito, mas o realizar-se de um poder impessoal na pessoa mesma do *auctor*.

6.3 No direito público, a *auctoritas* designa, como havíamos visto, a prerrogativa por excelência do Senado. Sujeitos ativos dessa prerrogativa são, portanto, os *patres*: *auctoritas patrum* e *patres auctores fiunt* são fórmulas comuns para se expressar a função constitucional do Senado. Os historiadores do direito, porém, sempre tiveram dificuldade para definir essa função. Mommsen já observava que o Senado não tem uma ação própria, e pode agir somente em ligação com o magistrado ou para homologar as decisões dos comícios populares, ratificando as leis. Não pode manifestar-se sem ser interrogado pelos magistrados e só pode perguntar ou "aconselhar" – *consultum* é o termo técnico – e esse "conselho" nunca é vinculante de modo absoluto. *Si eis videatur* – se lhes (aos magistrados) parece oportuno – é a fórmula do senatus-consulto; no caso extremo do senatus-consulto último, a fórmula só é um pouco mais enfática: *videant consules*. Mommsen exprime esse caráter particular da *auctoritas* escrevendo que ela é "menos que uma ordem e mais que um conselho" (Mommsen, 1969, p. 1034). De todo modo, é certo que a *auctoritas* não tem nada a ver com a *potestas* ou com o *imperium* dos magistrados ou do povo. O senador não é um magistrado e, em seus "conselhos", quase nunca se encontra o emprego do verbo *iubere*, que traduz as decisões dos magistrados ou do povo. Entretanto, em grande analogia com a figura do *auctor* no direito privado, a *auctoritas patrum* intervém para ratificar e tornar plenamente válidas as decisões dos comícios populares. Uma mesma fórmula (*auctor fio*) designa tanto a ação do tutor que homologa o ato do menor quanto a ratificação senatorial das decisões populares. A analogia não significa aqui, necessariamente, que o povo deva ser considerado como um menor em relação ao qual os *patres* agem como tutores: o essencial é, sobretudo, que também nesse caso se encontra a dualidade de elementos que, na esfera do direito privado, define a ação jurídica perfeita. *Auctoritas* e *potestas* são claramente distintas e, entretanto, formam juntas um sistema binário.

א A polêmica entre, de um lado, os estudiosos que tendem a reunir sob um único paradigma a *auctoritas patrum* e o *auctor* do direito privado e, de outro lado, os que negam tal possibilidade, se resolve facilmente quando se considera que a analogia não diz respeito a figuras consideradas separadamente, mas à estrutura mesma da relação entre os dois elementos, cuja integração constitui o ato perfeito. Heinze, num estudo de 1925, que exerceu uma influência importante sobre os romanistas, já definia o elemento comum entre o menor e o povo com as seguintes palavras: "O menor e o povo decidiram obrigar-se numa certa direção, mas sua obrigação não pode se realizar sem a colaboração de um outro sujeito" (Heinze, 1925, p. 350). Não se trata, portanto, de uma suposta tendência dos estudiosos "de representar o direito público sob a luz do direito privado" (Biscardi, 1987, p. 119), mas de uma analogia estrutural que concerne, como veremos, à própria natureza do direito. A validade jurídica não é um caráter originário das ações humanas, mas deve ser comunicada a elas por meio de um "poder que confere a legitimidade". (Magdelain, 1990, p. 686)

6.4 Tentemos definir melhor a natureza desse "poder que confere a legitimidade" em sua relação com a *potestas* dos magistrados e do povo. As tentativas de apreender essa relação não levaram em conta justamente a figura extrema da *auctoritas* que está em questão no senatus-consulto último e no *iustitium*. O *iustitium* – como vimos – produz uma verdadeira suspensão da ordem jurídica. Principalmente, os cônsules são reduzidos à condição de simples particulares (*in privato abditi*), enquanto cada particular age como se estivesse revestido de um *imperium*. Numa simetria inversa, no ano 211 a.C., ao se aproximar Aníbal, um senatus-consulto ressuscita o *imperium* dos ex--ditadores, cônsules e censores (*placuit omnes qui dictatores, consules censoresve fuissent cum imperio esse, donec recessisset a muris hostis* [Tito Lívio 26, 10, 9]). No caso extremo – ou seja, aquele que melhor a define, se é verdade que são sempre a exceção e a situação extrema que definem o aspecto mais específico de um instituto jurídico – a *auctoritas* parece agir como *uma força que suspende a* potestas *onde ela agia e a reativa onde ela não estava mais em vigor.* É um poder que suspende ou reativa o direito, mas não tem vigência formal como direito.

Essa relação – ao mesmo tempo de exclusão e de suplementação – entre *auctoritas* e *potestas* encontra-se também em um outro instituto, em que a *auctoritas patrum* mostra mais uma vez sua função peculiar: o *interregnum*. Mesmo depois do fim da monarquia, quando, por morte ou por qualquer outra razão, não havia mais na cidade nenhum cônsul ou nenhum outro magistrado (exceto os representantes da plebe), os *patres auctores* (isto é, o grupo dos senadores que pertenciam a uma família consular, em oposição aos *patres conscripti*) nomeavam um *interrex* que garantia a continuidade do poder. A fórmula usada era: *res publica ad patres redit* ou *auspicia ad patres redeunt*. Como escreveu Magdelain,

> durante o interregno, a constituição está suspensa [...]. A República está sem magistrados, sem Senado, sem assembleias populares. Então o grupo senatorial dos *patres* se reúne e nomeia, soberanamente, o primeiro *interrex* que, por sua vez, nomeia o próprio sucessor. (Magdelain, 1990, p. 359 ss.)

A *auctoritas* mostra também aqui sua relação com a suspensão da *potestas* e, ao mesmo tempo, sua capacidade de assegurar, em circunstâncias excepcionais, o funcionamento da República. Ainda uma vez, essa prerrogativa cabe imediatamente aos *patres auctores* enquanto tais. O primeiro *interrex* não é, de fato, investido de um *imperium* como magistrado, mas apenas dos *auspicia* (ibidem, p. 356); e Appio Claudio, ao reivindicar contra os plebeus a importância dos *auspicia*, afirma que estes pertencem aos *patres privatim*, a título pessoal e exclusivo: *nobis adeo propria sunt auspicia, ut* [...] *privatim auspicia habeamus* (Tito Lívio, 6, 41, 6). O poder de reativar a *potestas* vacante não é um poder jurídico recebido do povo ou de um magistrado, mas decorre imediatamente da condição pessoal dos *patres*.

6.5 Um terceiro instituto em que a *auctoritas* mostra sua função específica de suspensão do direito é a *hostis iudicatio*. Em situações excepcionais, em que um cidadão romano ameaçasse, através de conspiração ou de traição, a segurança da república, ele podia ser declarado pelo Senado *hostis*, inimigo público. O *hostis iudicatus* não era simplesmente assimilado a um inimigo estrangeiro, o *hostis alienigena*, porque este, entretanto, era sempre protegido pelo *ius gentium* (Nissen, 1877,

p. 27); o *hostis iudicatus* era, antes, radicalmente privado de todo estatuto jurídico e podia, portanto, em qualquer momento, ser destituído da posse de seus bens e condenado à morte. O que é suspenso pela *auctoritas* não é, aqui, simplesmente a ordem jurídica, mas o *ius civis*, o próprio estatuto do cidadão romano.

A relação – ao mesmo tempo antagônica e complementar – entre *auctoritas* e *potestas* aparece, enfim, numa particularidade terminológica que Mommsen foi o primeiro a notar. O sintagma *senatus auctoritas* é usado em sentido técnico para designar o senatus-consulto que, à medida que lhe foi oposta uma *intercessio*, é privado dos efeitos jurídicos e não pode, pois, de modo algum, ser executado (mesmo que, enquanto tal, estivesse transcrito nas atas, *auctoritas prescripta*). A *auctoritas* do Senado aparece, pois, em sua forma mais pura e mais evidente quando é invalidada pela *potestas* de um magistrado, quando vive como mera escrita em absoluta oposição à vigência do direito. Por um instante, a *auctoritas* revela aqui sua essência: o poder, que pode "conferir a legitimidade" e, ao mesmo tempo, suspender o direito, mostra seu caráter mais específico no momento de sua ineficácia jurídica máxima. Ela é o que resta do direito se ele for inteiramente suspenso (nesse sentido, na leitura benjaminiana da alegoria kafkiana, não direito mas vida, direito que se indetermina inteiramente com a vida).

6.6 Por meio da *auctoritas principis* – no momento, pois, em que Augusto, numa célebre passagem das *Res gestae* reivindica a *auctoritas* como fundamento do próprio *status* de *princeps* – é que, talvez, possamos compreender melhor o sentido dessa singular prerrogativa. É significativo que a publicação, em 1924, do *Monumentum Antiochenum*, que permitia uma reconstrução mais exata da passagem em questão, tenha coincidido exatamente com o renascimento dos estudos modernos sobre a *auctoritas*. De que se tratava realmente? De uma série de fragmentos provenientes de uma inscrição latina que continha a passagem do capítulo 34 das *Res gestae* e que, na íntegra, só era atestada na versão grega. Mommsen havia reconstruído o texto latino nestes termos: *post id tempus præstiti omnibus dignitate* (*axiomati*), *potestatis autem nihil amplius habui quam qui fuerunt mihi quoque in magistratu conlegæ*. A inscrição antioquena mostrava que Augusto havia escrito não *dignitate* mas, sim, *auctoritate*. Em 1929, comentando o novo dado, Heinze escrevia:

> Todos nós, filólogos, deveríamos nos envergonhar por termos seguido cegamente a autoridade de Mommsen: a única antítese possível a *potestas*, isto é, ao poder jurídico de um magistrado, era, nesta passagem, não *dignitas* e, sim, *auctoritas*. (Heinze, 1925, p. 348)

Como acontece com frequência e como, aliás, os estudiosos não deixaram de observar, a redescoberta do conceito (nos dez anos seguintes, apareceram não menos de 15 importantes monografias sobre a *auctoritas*) acompanhou *pari passu* o peso crescente que o princípio autoritário assumia na vida política das sociedades europeias. "*Auctoritas*" – escrevia um estudioso alemão em 1937 –,

> isto é, o conceito fundamental do direito público em nossos Estados modernos autoritários, não só literalmente, mas também do ponto de vista do conteúdo, só é compreensível a partir do direito romano do período do principado. (Wenger, 1937-39, vol. I, p. 152)

E, entretanto, é este nexo entre o direito romano e nossa experiência política que ainda nos falta estudar.

6.7 Se voltarmos agora à passagem das *Res gesta*, decisivo é que Augusto define, aqui, a especificidade de seu poder constitucional não nos termos certos de uma *potestas*, que ele declara dividir com os que são seus colegas na magistratura, mas nos termos mais vagos de uma *auctoritas*. O sentido do nome "Augusto", que o Senado lhe conferira no dia 16 de janeiro do ano 27, coincide inteiramente com esta reivindicação: ele provém da mesma raiz de *augeo* e de *auctor* e, como observa Dione Cassio, "não significa uma *potestas* [*dynamis*] [...] mas mostra o esplendor da *auctoritas* [*ten tou axiomatos lamproteta*]" (53, 18, 2).

No édito de 13 de janeiro do mesmo ano, em que declara sua intenção de restaurar a constituição republicana, Augusto define-se como *optimi status auctor*. Como judiciosamente observou Magdelain, o termo *auctor* não tem aqui o significado genérico de "fundador, mas o significado técnico de "fiador em uma *mancipatio*". Dado que Augusto concebe a restauração republicana como uma transferência da *res publica* de suas mãos para as do povo e do Senado (cf. *Res gestae*, 34, I), é possível que

> dans la formule *auctor optimi status* [...] le terme d'*auctor* ait un sens juridique assez précis et renvoie à l'idée de transfert de la *res publica* [...]. Auguste serait ainsi l'*auctor* des droits rendus au peuple et au Sénat, de même que, dans la mancipation, le *mancipio dans* est l'*auctor* de la puissance acquise, sur l'objet transferé, par le *mancipio accipens*. (Magdelain, 1947, p. 57)

Em todo caso, o principado romano, que estamos acostumados a definir por meio de um termo – imperador – que remete ao *imperium* do magistrado, não é uma magistratura, mas uma forma extrema da *auctoritas*. Heinze definiu exatamente tal oposição:

> Toda magistratura é uma forma pré-estabelecida em que entra o singular e que constitui a fonte de seu poder; ao contrário, a *auctoritas* deriva da pessoa, como algo que se constitui através dela, vive somente nela e com ela desaparece. (Heinze, 1925, p. 356)

Se Augusto recebe do povo e do Senado todas as magistraturas, a *auctoritas*, ao contrário, está ligada à sua pessoa e o constitui como *auctor optimi status*, como aquele que legitima e garante toda a vida política romana.

Disso decorre o *status* particular de sua pessoa e que se traduz num fato cuja importância ainda não foi plenamente avaliada pelos estudiosos. Dione Cassio (55, 12, 5) informa que Augusto "tornou pública toda a sua casa [*ten oikian edemiosen pasan*] [...] de modo a morar, ao mesmo tempo, em público e em privado [*hin' en tois idiois hama kai en tois koinois oikoie*]". É a *auctoritas* que encarna, e não as magistraturas de que foi investido, que torna impossível isolar nele algo como uma vida e uma *domus* privadas. Deve-se interpretar no mesmo sentido o fato de que, na casa de Augusto sobre o Palatino, seja dedicado um *signum* a Vesta. Com razão, Fraschetti observou que, dada a estreita ligação entre culto de Vesta e culto dos Penates públicos do povo romano, isso significava que os Penates da família de Augusto identificavam-se com os do povo romano e que, portanto,

> os cultos privados de uma família [...] e os cultos comunitários por excelência no espaço da cidade (o de Vesta e o dos Penates públicos do povo romano) pareciam, de fato, poder ser homologados na casa de Augusto". (Fraschetti, 1990, p. 359)

A vida "augusta" não pode mais ser definida, como a dos simples cidadãos, pela oposição público/privado.

ℵ É sob esse aspecto que seria preciso reler a teoria kantorowicziana dos dois corpos do rei para lhe aportar alguma precisão. Kantorowicz, que de modo geral subestima a importância do precedente romano da doutrina que tenta reconstruir para as monarquias inglesas e francesas, não relaciona a distinção entre *auctoritas* e *potestas* com o problema dos dois corpos do rei e com o princípio *dignitas non moritur*. No entanto, é justamente porque o soberano era antes de tudo a encarnação de uma *auctoritas* e não somente de uma *potestas*, que a *auctoritas* era tão estreitamente ligada à sua pessoa física que tornava necessário o complexo cerimonial da confecção em cera de uma cópia idêntica do soberano no *funus imaginarium*. O fim de uma magistratura enquanto tal não implica de modo algum um problema de corpos: um magistrado sucede a outro sem ser necessário pressupor a imortalidade do cargo. Somente porque o soberano, a partir do *princeps* romano, expressa em sua própria pessoa uma *auctoritas*, somente porque, na vida "augusta", público e privado entraram em uma zona de absoluta indistinção, é que se torna necessário distinguir dois corpos para garantir a continuidade da *dignitas* (que é simplesmente sinônimo de *auctoritas*).

Para compreender fenômenos modernos como o *Duce* fascista e o *Führer* nazista, é importante não esquecer sua continuidade com o princípio da *auctoritas principis*. Como já observamos, nem o *Duce* nem o *Führer* representam magistraturas ou cargos públicos constitucionalmente definidos – ainda que Mussolini e Hitler estivessem investidos, respectivamente, do cargo de chefe de governo e do cargo de chanceler do Reich, como Augusto estava investido do *imperium consolare* o da *potestas tribunicia*. As qualidades de *Duce* e de *Führer* estão ligadas diretamente à pessoa física e pertencem à tradição biopolítica da *auctoritas* e não à tradição jurídica da *potestas*.

6.8 É significativo que os estudiosos modernos tenham sido tão rápidos em aceitar que a *auctoritas* era imediatamente inerente à pessoa viva do *pater* ou do *princeps*. O que, de modo evidente, era uma ideologia ou uma *fictio* que deveria fundar a preeminência ou, em todo caso, a categoria específica da *auctoritas* em relação à *potestas*, torna-se, assim, uma figura da imanência do direito à vida. Não é por acaso que isso tenha ocorrido exatamente nos anos em que, na Europa, o princípio autoritário teve um inesperado renascimento por meio do fascismo e do nacional-socialismo. Embora seja evidente que não pode existir algo como um tipo humano eterno que, a cada vez, se encarna em Augusto, Napoleão ou Hitler, mas somente dispositivos jurídicos mais ou menos semelhantes – o estado de exceção, o *iustitium*, a *auctoritas principis*, o *Führertum* –

que são usados em circunstâncias mais ou menos diversas na década de 30, principalmente – mas não só – na Alemanha, o poder que Weber havia definido como "carismático" é ligado ao conceito de *auctoritas* e elaborado em uma doutrina do *Führertum* como poder original e pessoal de um chefe. Em 1933, em um artigo curto que tenta esboçar os conceitos fundamentais do nacional-socialismo, Schmitt define o princípio da *Führung* por meio da "identidade de estirpe entre chefe e seguidores" (deve-se notar a retomada dos conceitos weberianos). Em 1938, publica-se o livro do jurista berlinense Heinrich Triepel, *Die Hegemonie*, cuja resenha Schimitt se apressa a fazer. Na primeira seção, o livro expõe uma teoria do *Führertum* como autoridade baseada não num ordenamento pré-existente, mas num carisma pessoal. O *Führer* é definido por meio de categorias psicológicas (vontade enérgica, consciente e criativa), e sua unidade com o grupo social bem como o caráter original e pessoal de seu poder são fortemente enfatizados.

Ainda em 1947, o velho romanista Pietro De Francisci publica *Arcana imperii*, que dedica um grande espaço à análise do "tipo primário" de poder que ele, procurando com uma espécie de eufemismo tomar distância em relação ao fascismo, define como *ductus* (e *ductor*, o chefe em quem se encarna). De Francisci transforma a tripartição weberiana do poder (tradicional, legal, carismático) em uma dicotomia calcada sobre a oposição autoridade/poder. A autoridade do *ductor* ou do *Führer* nunca pode ser derivada, mas é sempre original e deriva de sua pessoa; além disso, não é, em sua essência, coercitiva, mas se baseia, como Triepel já havia mostrado, no consenso e no livre reconhecimento de uma "superioridade de valores".

Nem Triepel nem De Francisci, os quais, no entanto, tinham diante dos olhos as técnicas de governo nazistas e fascistas, parecem perceber que o aparente caráter original do poder que descrevem deriva da suspensão ou da neutralização da ordem jurídica – isto é, em última instância, do estado de exceção. O "carisma" – como sua referência (perfeitamente consciente em Weber) à *charis* paulina teria podido sugerir – coincide com a neutralização da lei e não com uma figura mais original do poder.

De todo modo, o que os três autores parecem ter como certo, é que o poder autoritário-carismático emana quase magicamente da própria pessoa do *Führer*. A pretensão do direito de coincidir num ponto eminente com a vida não poderia ser afirmada de forma mais intensa. Neste sentido, a doutrina da *auctoritas* converge, pelo menos em parte, com a tradição do pensamento jurídico que via o direito, em última análise, como idêntico à vida ou imediatamente articulado com ela. À fórmula de Savigny ("O direito não é senão a vida considerada de um ponto de vista particular") respondia, no século XX, a tese de Rudolph Smend segundo a qual

> a norma recebe da vida, e do sentido a ela atribuído, seu fundamento de validade [*Geltungsgrund*], a sua qualidade específica e o sentido de sua validade, assim como, ao contrário, a vida só pode ser compreendida a partir de seu sentido vital [*Lebensinn*] normatizado e estabelecido. (Smend, 1954, p. 300)

Do mesmo modo que, na ideologia romântica, algo como uma língua só se tornava plenamente compreensível em sua relação imediata com um povo (e vice-versa), assim também direito e vida devem implicar-se estreitamente numa fundação recíproca. A dialética de *auctoritas* e *potestas* exprimia exatamente tal implicação (nesse sentido, pode-se falar de um caráter biopolítico original do paradigma da *auctoritas*). A norma pode ser aplicada ao caso normal e pode ser suspensa sem anular inteiramente a ordem jurídica porque, sob a forma da *auctoritas* ou da decisão soberana, ela se refere imediatamente à vida e dela deriva.

6.9 Talvez seja possível, agora, retomar o caminho percorrido até aqui para extrair alguma conclusão provisória de nossa pesquisa sobre o estado de exceção. O sistema jurídico do Ocidente apresenta-se como uma estrutura dupla, formada por dois elementos heterogêneos e, no entanto, coordenados: um elemento normativo e jurídico em sentido estrito – que podemos inscrever aqui, por comodidade, sob a rubrica de *potestas* – e um elemento anômico e metajurídico – que podemos designar pelo nome de *auctoritas*.

O elemento normativo necessita do elemento anômico para poder ser aplicado, mas, por outro lado, a *auctoritas* só pode se afirmar numa relação de validação ou de suspensão da *potestas*. Enquanto resulta da dialética entre esses dois elementos em certa medida antagônicos, mas funcionalmente ligados, a antiga morada do direito é frágil e, em sua tensão para manter a própria ordem, já está sempre num processo de ruína e decomposição. O estado de exceção é o dispositivo que deve, em última instância, articular e manter juntos os dois aspectos da máquina jurídico-política, instituindo um limiar de indecidibilidade entre anomia e *nomos*, entre vida e direito, entre *auctoritas* e *potestas*. Ele se baseia na ficção essencial pela qual a anomia – sob a forma da *auctoritas*, da lei viva ou da força de lei – ainda está em relação com a ordem jurídica e o poder de suspender a norma está em contato direto com a vida. Enquanto os dois elementos permanecem ligados, mas conceitualmente, temporalmente e subjetivamente distintos – como na Roma republicana, na contraposição entre Senado e povo, ou na Europa medieval, na contraposição entre poder espiritual e poder temporal –, sua dialética – embora fundada sobre uma ficção – pode, entretanto, funcionar de algum modo. Mas, quando tendem a coincidir numa só pessoa, quando o estado de exceção em que eles se ligam e se indeterminam torna-se a regra, então o sistema jurídico-político transforma-se em uma máquina letal.

6.10 O objetivo desta pesquisa – na urgência do estado de exceção "em que vivemos" – era mostrar a ficção que governa o *arcanum imperii* por excelência de nosso tempo. O que a "arca" do poder contém em seu centro é o estado de exceção – mas este é essencialmente um espaço vazio, onde uma ação humana sem relação com o direito está diante de uma norma sem relação com a vida.

Isso não significa que a máquina, com seu centro vazio, não seja eficaz; ao contrário, o que procuramos mostrar é, justamente, que ela continuou a funcionar quase sem interrupção a partir da Primeira Guerra Mundial, por meio do fascismo e do nacional-socialismo, até nossos dias. O estado de exceção, hoje, atingiu exatamente seu máximo desdobramento planetário. O aspecto normativo do direito pode ser, assim, impunemente eliminado e contestado por uma violência governamental que, ao ignorar no âmbito externo o direito internacional e produzir no âmbito interno um estado de exceção permanente, pretende, no entanto, ainda aplicar o direito.

Não se trata, naturalmente, de remeter o estado de exceção a seus limites temporal e espacialmente definidos para reafirmar o primado de uma norma e de direitos que, em última instância, têm nele o próprio fundamento. O retorno do estado de exceção efetivo em que vivemos ao estado de direito não é possível, pois o que está em questão agora são os próprios conceitos de "estado" e de "direito". Mas, se é possível tentar deter a máquina, mostrar sua ficção central, é porque, entre violência e direito, entre a vida e a norma, não existe nenhuma articulação substancial. Ao lado do movimento que busca, a todo custo, mantê-los em relação, há um contramovimento que, operando em sentido inverso no direito e na vida, tenta, a cada vez, separar o que foi artificial e violentamente ligado. No campo de tensões de nossa cultura, agem, portanto, duas forças opostas: uma que institui e que põe e outra que desativa e depõe. O estado de exceção constitui o ponto da maior tensão dessas forças e, ao mesmo tempo, aquele que, coincidindo com a regra, ameaça hoje torná-las indiscerníveis. Viver sob o estado de exceção significa fazer a experiência dessas duas possibilidades e entretanto, separando a cada vez as duas forças, tentar, incessantemente, interromper o funcionamento da máquina que está levando o Ocidente para a guerra civil mundial.

6.11 Se é verdade que a articulação entre vida e direito, anomia e *nomos* produzida pelo estado de exceção é eficaz, mas fictícia, não se pode, porém, extrair disso a consequência de que, além ou aquém dos dispositivos jurídicos, se abra em algum lugar um acesso imediato àquilo de que representam a fratura e, ao mesmo tempo, a impossível recomposição. Não existem, *primeiro*, a vida como dado biológico natural e a anomia como estado de natureza e, *depois*, sua implicação no direito por meio do estado de exceção. Ao contrário, a própria possibilidade de distinguir entre vida e direito, anomia e *nomos* coincide com sua articulação na máquina biopolítica. A vida pura e simples é um produto da máquina e não algo que pré-existe a ela, assim como o direito não tem nenhum fundamento na natureza ou no espírito divino. Vida e direito, anomia e *nomos*, *auctoritas* e *potestas* resultam da fratura de alguma coisa a que não temos outro acesso que não por meio da ficção de sua articulação e do paciente trabalho que, desmascarando tal ficção, separa o que se tinha pretendido unir. Mas o desencanto não restitui o encantado a seu estado original: segundo o princípio de que a pureza nunca está na origem, ele lhe dá somente a possibilidade de aceder a uma nova condição.

Mostrar o direito em sua não relação com a vida e a vida em sua não relação com o direito significa abrir entre eles um espaço para a ação humana que, há algum tempo, reivindicava para si o nome "política". A política sofreu um eclipse duradouro porque foi contaminada pelo direito, concebendo-se a si mesma, no melhor dos casos, como poder constituinte (isto é, violência que põe o direito), quando não se reduz simplesmente a poder de negociar com o direito. Ao contrário, verdadeiramente política é apenas aquela ação que corta o nexo entre violência e direito. E somente a partir do espaço que assim se abre, é que será possível colocar a questão a respeito de um eventual uso do direito após a desativação do dispositivo que, no estado de exceção, o ligava à vida. Teremos então, diante de nós, um direito "puro", no sentido em que Benjamin fala de uma língua "pura" e de uma "pura" violência. A uma palavra não coercitiva, que não comanda e não proíbe nada, mas diz apenas ela mesma, corresponderia uma ação como puro meio que mostra só a si mesma, sem relação com um objetivo. E, entre as duas, não um estado original perdido, mas somente o uso e a práxis humana que os poderes do direito e do mito haviam procurado capturar no estado de exceção.

REFERÊNCIAS BIBLIOGRÁFICAS

ARANGIO-RUIZ, G. *Istituzioni di diritto costituzionale italiano* Milano, Bocca, 1972. (1. ed. 1913).

ARENDT, H. *Between Past and Future.* Nova York, Viking, 1961. [Ed. bras.: *Entre o futuro e o passado.* Trad. Mauro W. Barbosa de Almeida. São Paulo, Perspectiva, 2000.]

_____. *Sobre a revolução.* Lisboa, Relógio D'Água, 2001.

BALLADORE-PALLIERI, G. *Diritto Costituzionale.* Milano, Giuffrè, 1970.

BENGEL, J. A. *Vorrede zur Handausgabe des griechischen N.T. (Neuen Testaments).* 1734.

BENJAMIN, W. Zur Kritik der Gewalt (1921). In: _____. *Gesammelte Schriften.* Frankfurt a. M., Suhrkamp, 1972-1989, vol. 2.1. [Ed. bras.: Crítica da violência: Crítica do poder. In: *Documentos de cultura, documentos de barbárie.* Org. e apres. Willi Bolle. São Paulo, Cultrix, 1986.]

_____. Ursprung des deutschen Trauerspiels(1928). In: *Gesammelte Schriften.* Frankfurt a. M., Suhrkamp, 1972-1989, vol. 1.1 (e vol. 1.3). [Ed. bras.: *Origem do drama barroco alemão.* Trad. e org. Sergio Paulo Rouanet. São Paulo, Brasiliense, 1984.]

---

* As traduções italianas existentes estão indicadas apenas nos casos em que foram efetivamente utilizadas. Remetemos a elas através das páginas indicadas no texto. Procuramos citar, sempre que localizadas, as edições brasileiras ou em português

BENJAMIN, W. Karl Kraus (1931). In: _____. *Gesammelte Schriften*. Frankfurt a. M., Suhrkamp, 1972-1989, vol. 2.1.

_____. Franz Kafka (1934). In: _____. *Gesammelte Schriften*. Frankfurt a. M., Suhrkamp, 1972-1989, vol. 2.2. [Ed. bras.: Franz Kafka: A propósito do décimo aniversário de sua morte. In: *Obras Escolhidas*. Trad. e org. Sergio Paulo Rouanet. São Paulo, Brasiliense, 1985, vol. I.]

_____. Über den Begriff der Geschichte (1942). In: _____. *Gesammelte Schriften*. Frankfurt a. M., Suhrkamp, 1972-1989, vol. 1.2. [Ed. bras.: Sobre o conceito da História. In: *Obras Escolhidas*. Trad. e org. Sergio Paulo Rouanet. São Paulo, Brasiliense, 1985, vol. I.]

_____. *Briefe*. Frankfurt a. M., Suhrkamp, 1966, 2 v.

_____. Notizen zu einer Arbeit über die Kategorie der Gerechtigkeit. *Frankfurter Adorno Blätter*, nº 4. 1992.

BENVENISTE, E. *Le Vocabulaire des institutions indo-européennes*. Paris, Minuit, 1969, 2 vol. [Ed. bras.: *Vocabulário das instituições indo-européias*. São Paulo, Unicamp, 1995.]

BISCARDI, A. *Auctoritas patrum: problemi di storia del diritto pubblico romano*. Nápoles, Jovene, 1987.

BREDEKAMP, H. "Von W. Benjamin zu C. Schmitt". *Deutsche Zeitschrift für Philosophie*, nº 46, 1998.

DELATTE, A. *Essai sur la politique pythagoricienne*. Paris, Liège, 1922.

DELATTE, L. *Les Traités de la royauté de Ecphante, Diotogène et Sthénidas*. Paris, Droz, 1942.

DE MARTINO, F. *Storia della costituzione romana*. Nápoles, Jovene, 1973.

DERRIDA, J. *Force de loi*. Paris, Galilée, 1994. [Ed. it.: *Forza di legge*. Torino, Bollati Boringhieri, 2003./ Ed. port.: *Força de Lei*. Trad. Fernanda Bernardo. Porto, Campo das Letras, 2003.]

DROBISCH, K. E WIELAND, G. *System der NS-Konzentrationslager 1933-1939*. Berlim, Akademie, 1993.

DUGUIT, L. *Traité de Droit constitutionnel*. Paris, de Boccard, 1930, v. 3.

DURKHEIM, E. *Le Suicide. Étude de sociologie*. Paris, Alcan, 1897. [Ed. it.: *Il suicidio:* studio di sociologia. Milano, Rizzoli, 1987; ed. bras.: *O suicídio*. São Paulo, Martins Fontes, 2000.]

EHRENBERG, V. "Monumentum Antiochenum". *Klio*, nº 19, p. 200ss., 1924

FONTANA, A. "Du droit de résistance au devoir d'insurrection". In: ZANCARINI, J.-C. (Org.). *Le Droit de résistance*. Paris, ENS, 1999.

FRASCHETTI, A. *Roma e il principe*. Roma-Bari, Laterza, 1990.

FRESA, C. *Provvisorietà con forza di legge e gestione degli stati di crisi*. Padova, CEDAM, 1981.

FRIEDRICH, C. J. *Constitutional Government and Democracy*. 2. ed. rev. Boston, Ginn, 1950. (1. ed. 1941). [Ed. ital.: *Governo costituzionale e democracia*. Vicenza, Neri Pozza, s.d.]

FUEYO, J. Die Idee des "auctoritas": Genesis und Entwicklung. In: BARION, H. (Org.), *Epirrhosis:* Festgabe für Carl Schmitt. Berlim, Duncker & Humblot, 1968.

GADAMER, H.-G. *Wahrheit und Methode*. Tübingen, Mohr, 1960. [Ed. it.: *Verità e metodo*. Milano, Bompiani, 1983; ed. bras.: *Verdade e método*. São Paulo, Vozes, 2002.]

HATSCHEK, J. *Deutsches und Preussisches Staatsrecht*. Berlin, Stilke, 1923.

HEINZE, R. Auctoritas. *Hermes*, nº 60, p. 348 ss., 1925.

KOHLER, J. *Not kennt kein Gebot*. Berlin-Leipzig, Rothschild, 1915.

MAGDELAIN, A. *Auctoritas principis*. Paris, Belles Lettres, 1947.

_____. *Ius Imperium Auctoritas:* études de droit romain. Roma, École française de Rome, 1990.

MATHIOT, A. *La théorie des circonstances exceptionnelles. Mélanges Mestre,* Paris, 1956.

MEULI, K. *Gesammelte Schriften.* Basel-Stuttgart, Schwabe, 1975, 2 v.

MIDDEL, A. *De iustitio deque aliis quibusdam iuris publici romani notionibus.* Mindae, 1887.

MOMMSEN, T. *Römisches Staatsrecht.* Graz, Akademische Druck, 1969, 3 v. (1. ed. Berlin, 1871).

NISSEN, A. *Das Iustitium:* Eine Studie aus der Römischen Rechtsgeschichte. Leipzig, Gebhardt, 1877.

NOAILLES, P. *Fas et Ius:* études de droit romain. Paris, Belles Lettres, 1948.

PLAUMANN, G. Das sogennante Senatus consultum ultimum, die Quasidiktatur der späteren römischen Republik. *Klio,* n. 13, 1913.

QUADRI, G. *La forza di legge.* Milano, Giuffrè, 1979.

REINACH, T. *De l'état de siège.* Étude historique et juridique. Paris, Pichon, 1885.

ROMANO, S. *Frammenti di un dizionario giuridico.* Milano, Giuffrè, 1983. (reed. inalterada.)

_____. Sui decreti-legge e lo stato di assedio in occasione dei terremoti di Messina e Reggio Calabria. *Rivista di Diritto Pubblico,* 1909. (reed. in: *Scritti minori.* Milano, Giuffrè, 1990, v. I).

ROOSEVELT, F. D. *The Public Papers and Addresses.* New York, Random House, 1938. v. 2.

ROSSITER, C. L. *Constitutional Dictatorship:* Crisis Government in the Modern Democracies. New York, Harcourt Brace, 1948.

SAINT-BONNET, F. *L'état d'exception.* Paris, PUF, 2001.

SCHMITT, C. *Die Diktatur*. München-Leipzig, Duncker & Humblot, 1921.

_____. *Politische Theologie*, München, 1922.

_____. *Verfassungslehre*. München-Leipzig, Duncker & Humblot, 1928.

_____. *Der Hüter der Verfassung*. Tübingen, Mohr, 1931.

_____. *Teoria da guerrilha*. Lisboa, Arcádia, 1975. (Trad. de *Theorie des Partisanes*, 1963).

_____. *Staat Grossraum Nomos*. Berlin, Duncker & Humblot, 1995.

SCHNUR, R. *Revolution und Weltbürgerkrieg*. Berlin, Duncker & Humblot, 1983. [Ed. it.: *Rivoluzione e guerra civile*. Milano, Giuffrè, 1986.]

SCHÜTZ, A. L'immaculée conception de l'interprète et l'emergence du système juridique: à propos de fiction et construction en droit. *Droits*, n. 21, 1995.

SESTON, W. Les chevaliers romains et le iustitium de Germanicus. *Revue Historique du Droit Français et Étranger*, 1962. (reed. in: *Scripta varia*. Roma, École Française de Rome, 1980).

SMEND, R. Integraionslehre. In: *Handwörterbuch der Sozialwissenschaften*. 1954

TAUBES, J. *Ad Carl Schmitt*: Gegenstrebige Fügung. Berlin, Merve, 1987.

TINGSTEN, H. *Les Pleins pouvoirs:* l'expansion des povoirs gouvernamentaux pendant et après la Grande Guerre. Paris, Stock, 1934.

VERSNEL, H. S. Destruction, devotion and despair in a situation of anomy: the mourning of Germanicus in triple perspective. In: *Perennitas*: studi in onore di Angelo Brelich. Roma, Edizioni dell'Ateneo, 1980.

VIESEL, H. (Org.). *Jawhol, Herr Schmitt:* Zehn Briefe aus Plettenberg. Berlin, Support, 1988.

WAGENVOORT, H. *Roman Dynamism*. Oxford, Blackwell, 1947.

WATKINS, F. M. "The Problem of Constitutional Dictatorship". In: *Public Policy*, 1940.

WEBER, S. Taking exception to decision: W. Benjamin and C. Schmitt. In: STEINER, U. (Org.). *Walter Benjamin*. Bern, Lang, 1992.

WENGER, S. Römisches Recht in Amerika. In: *Studi in onore di Enrico Besta*. Milano, Giuffrè, 1937-1939.

BIBLIOGRAFIA DE GIORGIO AGAMBEN

L'uomo senza contenuto. 4. ed. Macerata, Quodlibet, 2005. (1. ed. Milano, Rizzoli, 1970).

Stanze: la parola e il fantasma nella cultura occidentale. Torino, Giulio Einaudi, 1977.

Infanzia e storia: distruzione dell'esperienza e origine della storia. 2. ed. ampl. Torino, Giulio Einaudi, 2001. (1. ed. 1978; 2. ed. 1979). [Ed. bras.: *Infância e história:* destruição da experiência e origem da história. Belo Horizonte, UFMG, 2005]

Il linguaggio e la morte: un seminario sul luogo della negatività. 3. ed. ampl. Torino, Giulio Einaudi, 1982. [Ed. bras.: *A linguagem e a morte:* um seminário sobre o lugar da negatividade. Belo Horizonte, UFMG, 2006.]

Idea della prosa. ed. ed. il. e ampl. Macerata, Quodlibet, 2002. (1. ed. Milano, Feltrinelli, 1985).

La comunità che viene. Torino, Bollati Boringhieri, 2003. (1. ed., Giulio Einaudi, 1990).

Bartleby, la formula della creazione (com Gilles Deleuze). Macerata, Quodlibet, 1993.

Homo sacer: il potere sovrano e la nuda vita. Torino, Giulio Einaudi, 1995. [Ed. bras.: *Homo sacer:* O poder soberano e a vida nua. Belo Horizonte, UFMG, 2002.]

La fine del poema. Macerata, Quodlibet, 1995.

Mezzi senza fine: note sulla politica. Torino, Bollati Boringhieri, 1996.

Categorie italiane: studi di poetica. Venezia, Marsilio, 1996.

Image et mémoire. Paris, Hoëbeke, 1998.

Quel che resta di Auschwitz: l'archivio e il testimone *(Homo sacer III).* Torino, Bollati Boringhieri, 1998. [Ed. bras.: *O que resta de Auschwitz.* Trad. de Selvino J. Assman, São Paulo, Boitempo, 2008.]

Potentialities. Stanford, Stanford University Press, 2000.

Il tempo che resta: un commento alla Lettera ai Romani. Torino, Bollati Boringhieri, 2000.

L'aperto: l'uomo e l'animale. Torino, Bollati Boringhieri, 2002.

L'ombre de l'amour (com Valeria Piazza). Paris, Rivages, 2003.

Stato di eccezione: homo sacer, II, 1. Torino, Bollati Boringhieri, 2003. [Ed. bras.: *Estado de exceção:* homo sacer, II, *1.* Trad. de Iraci D. Poleti. São Paulo, Boitempo, 2004.]

Genius. Roma, nottetempo, 2004.

Il giorno del giudizio, seguito da Gli aiutanti. Roma, nottetempo, 2004.

La potenza del pensiero: saggi e conferenze. Vicenza, Neri Pozza, 2005.

Profanazioni. Roma, nottetempo, 2005. [Ed. bras.: *Profanações.* Trad. de Selvino J. Assmann. São Paulo, Boitempo, 2007.]

Che cos'e un dispositivo? Roma, nottetempo, 2006.

Il regno e la gloria: per una genealogia teologica dell'economia e del governo: homo sacer, II, 2. Vicenza, Neri Pozza, 2007. [Ed. bras.: *O reino e a glória*: uma genealogia teológica da economia e do governo: homo sacer, II, 2. Trad. de Selvino J. Assman, São Paulo, Boitempo, 2011.]

Ninfe. Torino, Bollati Boringhieri, 2007.

Signatura rerum. Sul metodo. Turim, Bollati Boringhieri, 2008. [Ed. bras.: *Signatura rerum: sobre o método.* Trad. Andrea Santurbano e Patricia Peterle, São Paulo, Boitempo, 2019.]

Pilato e Gesú. Roma, nottetempo srl, 2013. [Ed. bras.: *Pilatos e Jesus.* Trad. Silvana de Gaspari e Patricia Peterle, São Paulo, Boitempo, 2014.]

Il mistero del male. Benedetto XVI e la fine dei tempi. Roma, Gius. Laterza & Figli, 2013. [Ed. bras.: *O mistério do mal. Bento XVI e o fim dos tempos.* Trad. Silvana de Gaspari e Patricia Peterle, São Paulo, Boitempo, 2015.]

L'uso dei corpi: homo sacer, IV, 2. Milão, Neri Pozza, 2014. [Ed. bras.: *O uso dos corpos,* homo sacer, IV, 2. Trad. Selvino J. Assmann, Mariana Echalar e Nélio Schneider, São Paulo, Boitempo, 2017.]

Il fuoco e il racconto. Milão, Nottetempo, 2014. [Ed. bras.: *O fogo e o relato: ensaios sobre criação, escrita, arte e livros.* Trad. Andrea Santurbano e Patricia Peterle, São Paulo, Boitempo, 2018.]

Este livro foi composto em AGaramond,
12/15, títulos em Bauer Bodoni, e reimpresso
em papel Pólen Natural 80 g/m² pela gráfica
Rettec para a Boitempo, em outubro de 2024,
com tiragem de 1.500 exemplares.